문명과 역사를 만든
소금 이야기

문명과 역사를 만든
소금 이야기

글 김아리 | 그림 김숙경

사계절

 글쓴이의 말

문명과 역사를 만든
작은 금, 소금

소금이라는 글자에는 '작은 금' 또는 '하얀 금'이라는 뜻이 담겨 있어. 지금이야 소금이 흔하지만 예전에는 소금이 금처럼 귀했기 때문에, 누런 황금 덩어리와 견주어 '작고 하얀 금'이라는 뜻에서 이런 이름이 붙은 거지.

사람이 생명을 유지하려면 소금이 꼭 필요해. 하지만 옛날에는 지금처럼 가게에서 손쉽게 소금을 구할 수가 없었어. 소금을 찾기 위해 산을 넘고 물을 건너야 했고, 또 땅속 깊숙이까지 파 내려가야 했지. 바닷물로 소금을 만드는 방법도 몰랐고 말이야. 그렇게 힘들게 찾고 힘들게 얻은 소금이다 보니 값이 비쌀 수밖에 없었어.

그런데 인류는 이렇듯 어렵게 소금을 찾는 과정을 거쳐 발전했단다. 소금이 있는 곳을 찾으러 가거나 소금을 싣고 오가면서 자연스레 길이 만들어졌어. 그러다 보니 그 길에는 소금을 파는 큰 시장도 서게 됐지. 금이나 돈과 똑같은 가치를 지닌 소금이 모이는 시장은 먼 곳에서 온 사람들로 북적거렸고. 그렇게 해서 도시가 형성되고 고대 문명이 일어나기도 했던 거야.

    인류의 문명을 발전시킨 소금은 세계 역사 속에서도 중요한 역할을 했어. 소금은 모든 사람에게 매일 필요한 물품이기 때문에 공급이 끊기면 많은 사람들이 고통을 겪게 돼. 소금값이 올라도 살기가 힘들어지고. 소금 때문에 감옥에 가기도 하고 전쟁을 벌이기도 했어. 하지만 인류는 이런 어려움을 극복하는 과정에서 지혜를 발휘하고 더욱 발전했지. 그래서 세계 여러 나라와 우리나라의 역사 속에는 소금과 관련한 이야기가 많아.

    지금도 소금은 우리 삶에서 중요한 몫을 담당하고 있어. 소금은 의약품, 비누, 샴푸 같은 일상용품을 비롯해 페인트, 화약, 비료 등 화학과 공업의 원료로 폭넓게 쓰이고 있어. 미래에도 소금은 중요한 자원으로서 더 많이 활약할 거야.

    소금을 통해 인류의 문명과 역사를 흥미롭게 만나기를 바랄게.

2012년 김아리

 차례

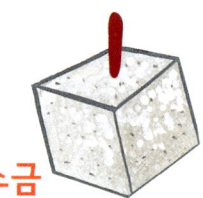

문명을 일으킨 소금

지구가 품은 소금 ·········· 10
소금을 찾아 나선 인류의 발걸음 ·········· 15
소금을 활용한 고대 이집트 문명 ·········· 19
소금 민족, 켈트 족 ·········· 23
고대 로마 제국을 만든 소금길 ·········· 26
소금 전매 제도로 부유해진 고대 중국 ·········· 29
사하라 사막의 소금이 꽃피운 이슬람 문명 ·········· 34

세계의 역사를 만든 소금

소금 교역으로 번영을 누린 베네치아 ·········· 40
중세 유럽을 살린 소금에 절인 대구과 청어 ·········· 44
미국의 전쟁과 소금 ·········· 51
소금세와 프랑스 대혁명 ·········· 56
간디의 소금 행진 ·········· 60
산업 혁명과 소금 ·········· 63

우리나라 역사 속의 소금

고구려의 왕이 된 소금 장수 ⋯⋯⋯⋯⋯⋯⋯⋯ 68
도둑들을 모아 만든 백제의 소금 ⋯⋯⋯⋯⋯⋯ 72
신라와 통일 신라의 소금 ⋯⋯⋯⋯⋯⋯⋯⋯⋯ 76
동해의 북쪽 끝, 옥저와 발해에서 구운 소금 ⋯ 78
고려의 '의로운 소금 창고' ⋯⋯⋯⋯⋯⋯⋯⋯⋯ 81
나라를 구하고 백성을 살리는 소금 ⋯⋯⋯⋯⋯ 84
일본에 빼앗긴 소금 ⋯⋯⋯⋯⋯⋯⋯⋯⋯⋯⋯ 88
전국으로 이어진 소금길 ⋯⋯⋯⋯⋯⋯⋯⋯⋯ 91

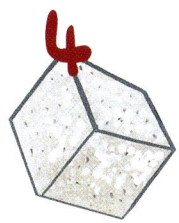

소금이 온다

소금길을 넘나드는 소금 장수 ⋯⋯⋯⋯⋯⋯⋯ 98
우리나라의 소금 민속 ⋯⋯⋯⋯⋯⋯⋯⋯⋯⋯ 101
소금땀 흘리며 소금 만드는 사람들 ⋯⋯⋯⋯⋯ 106
소금의 신, 진 서방 ⋯⋯⋯⋯⋯⋯⋯⋯⋯⋯⋯ 109
식물과 해조류에서 얻은 소금 ⋯⋯⋯⋯⋯⋯⋯ 111
바닷물을 끓여 얻은 전통 소금 ⋯⋯⋯⋯⋯⋯⋯ 114
해와 바람이 만드는 천일염 ⋯⋯⋯⋯⋯⋯⋯⋯ 124
소중한 소금을 주는 갯벌 ⋯⋯⋯⋯⋯⋯⋯⋯⋯ 128

오늘을 살리는 소금, 미래를 여는 소금

우리 몸속의 소금 ⋯⋯⋯⋯⋯⋯⋯⋯⋯⋯⋯⋯ 134
건강을 지키고 병을 고치는 소금 ⋯⋯⋯⋯⋯⋯ 137
음식을 만드는 소금 ⋯⋯⋯⋯⋯⋯⋯⋯⋯⋯⋯ 140
소금의 다양한 활약 ⋯⋯⋯⋯⋯⋯⋯⋯⋯⋯⋯ 143
화학의 발전과 소금 ⋯⋯⋯⋯⋯⋯⋯⋯⋯⋯⋯ 147
소금 사막에서 얻는 미래의 에너지, 리튬 ⋯⋯⋯ 151
자원 전쟁, 소금의 미래 ⋯⋯⋯⋯⋯⋯⋯⋯⋯⋯ 154

문명을 일으킨 소금

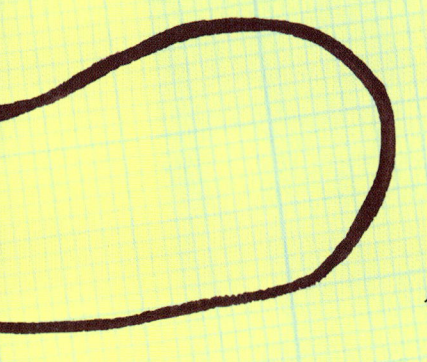

사람은 소금 없이 살 수 없어. 그래서 소금은 언제나 인류와 함께해 왔지.
인류가 소금을 찾아 나서면서 소금길이 만들어지고, 그 길을 통해
소금을 사고파는 시장이 발전하고, 또 그 시장을 발판으로
도시가 형성되면서 고대 문명이 일어나기도 했어.
소금은 이렇게 세계의 고대 문명을 일으키는 디딤돌 역할을 했고,
고대 문명의 발전에도 이바지했단다.

지구가 품은 소금

옛날 옛날에 어떤 도둑이 임금님의 요술 맷돌을 훔쳐 가지고는 배를 타고 도망갔어. 도둑은 요술 맷돌을 보면서 기대에 부풀었지. 진짜 요술을 부리는 맷돌이라면 큰 집과 금은보화를 마구마구 쏟아 낼 테니까. 그래도 정말 요술을 부릴지 어쩔지 조금 의심스러웠어.

"요술 맷돌이 진짜 요술을 부리는지 한번 시험해 봐야겠다. 맷돌아 맷돌아, 어디 한번 소금을 만들어 보려무나."

도둑이 주문을 외우자 맷돌은 하얀 소금을 쏟아 내기 시작했어. 요술이 정말 현실이 되자 도둑은 흥분했어.

"우아, 정말 요술 맷돌이야! 우아, 우아!"

그런데 너무 흥분한 나머지 요술 맷돌을 멈추게 하는 주문이 생각나지 않는 거야.

"주문이 뭐더라? 맷돌아 맷돌아, 소금 그만! 제발 뚝!"

하지만 맷돌은 쉬지 않고 돌면서 소금을 쏟아 냈고, 소금의 무게를 이기지 못한 배는 마침내 가라앉아 버렸단다. 바닷속으로 함께 가라앉은 맷돌

은 지금까지 계속 돌면서 소금을 만들고 있대.

　바닷물은 왜 짤까? 오랜 옛날부터 사람들이 아주 궁금해한 질문이야. 옛날얘기처럼 바다에 빠진 맷돌이 쉬지 않고 소금을 쏟아 내서 그런 걸까?
　바닷물이 짠 이유를 알려면 지구가 처음 만들어진 45억 년 전 먼먼 옛날로 거슬러 올라가야 해.
　지구가 만들어질 때 지구는 불타는 가스 덩어리였어. 시간이 흐르면서 불덩어리 지구는 조금씩 식어 갔어. 지구가 식으면서 수증기가 발생했지. 수증기는 하늘로 올라가 구름층을 만들었어. 그런데 구름이 점점 두꺼워져서 지구가 햇볕을 받지 못하게 됐어. 그래서 지구는 더욱 식어 갔고, 수증기는 계속 하늘로 올라가 구름을 만들었어. 수증기가 만든 구름은 너무 커지고 무거워져서 비가 되어 떨어졌지.

지구에는 수백 년 동안 비가 내렸어. 지구에 빗물이 채워지면서 드디어 처음으로 바다가 만들어졌지. 그 바다는 지금처럼 짜지는 않았다고 해. 그 뒤에도 비는 계속 내렸단다.

한편 지구는 식어 가고 있었지만 아직 불안정해서 폭발도 일어나고 지각도 꿈틀거렸어. 지구 표면에서는 독한 가스가 뿜어져 나왔고, 화산이 폭발하기도 했어. 바로 그때부터 지구에 소금이 만들어지기 시작했단다. 각종 가스 속에 들어 있는 물질과 바위를 이루고 있는 물질들이 부딪치고 만나 그 속의 원소들끼리 결합해서 소금 성분이 만들어졌던 거야.

비는 계속 내리고 있었지. 그리고 소금 성분이 들러붙어 있는 육지의 흙과 돌덩이들은 비에 쓸려 바다로 흘러들어 갔어. 오랜 세월에 걸쳐 소금 성분이 꾸준히 바다로 들어가면서 바닷물은 점점 짜졌어. 오늘날 바닷물 속의 소금 농도는 3~3.5퍼센트 정도란다.

그런데 지구에서 생산되는 소금 가운데 바닷물에서 얻는 것은 3분의 1이고 나머지 3분의 2는 바다가 아닌 육지, 그러니까 소금 광산, 소금 호수, 소금 우물 등에서 얻는단다. 대체

어떻게 바다가 아닌 육지에 소금이 있는 걸까?

지금도 어디선가 화산이 폭발하고 지진이나 지진해일이 일어나는 것에서 알 수 있듯이 지구는 살아서 꿈틀거리는 존재야. 지구는 처음 만들어지고 난 뒤로 여러 번 크게 꿈틀거렸어. 예전에는 아프리카와 아메리카가 하나로 이어져 있었는데 지금은 다른 대륙으로 나뉘게 된 것도 지구의 운동 때문이지.

지구의 거대한 운동으로 예전에 바다였던 곳이 땅속에 갇히고 수분이 천천히 빠져나가 버리면서 거대한 소금 암석층이 만들어졌어. 그것을 '암염'이라고 해. 암염은 '바위 소금'이라는 뜻의 한자어야. 소금이 거대한 바윗덩어리처럼 땅속에 박혀 있는 것이지. 암염을 캐내는 곳이 바로 소금 광산이야. 소금 광산에서는 소금을 캐는 광부들이 돌덩이 같은 소금을 긁어 내고 잘라 낸단다.

우리나라에는 소금 광산이 없지만, 세계 곳곳에는 이런 소금 광산이 있어. 오스트리아의 할슈타트 소금 광산과 폴란드의 비엘리치카 소금 광산이 대표적인 소금 광산으로 유명해.

지구가 움직이면서 바닷속에 있던 곳이 불쑥 솟아올라 육지가 되기도 했어. 그때 움푹 파인 곳으로 바닷물이 따라 올라왔다가 그냥 남겨지면서 소금 호수가 되었지. 중국에서 가장 큰 소금 호수인 칭하이 호도 아주 옛날에는 바다였던 곳인데, 지금은 대륙 속에 갇힌 호수가 된 거야.

그리고 옛날에 땅속에 갇혀 있던 바다가 지각의 대변동으로 지표면 가까운 곳까지 올라와 지하수로 흘러들기도 했어. 이 지하수를 퍼 올리는 것이

소금 우물이야. 기원전 252년, 중국의 쓰촨 지방에서 세계 최초로 소금 우물을 팠단다.

지구가 품고 있는 소금은 이렇게 우리별 지구가 탄생하고 성장하는 과정에서 만들어졌단다.

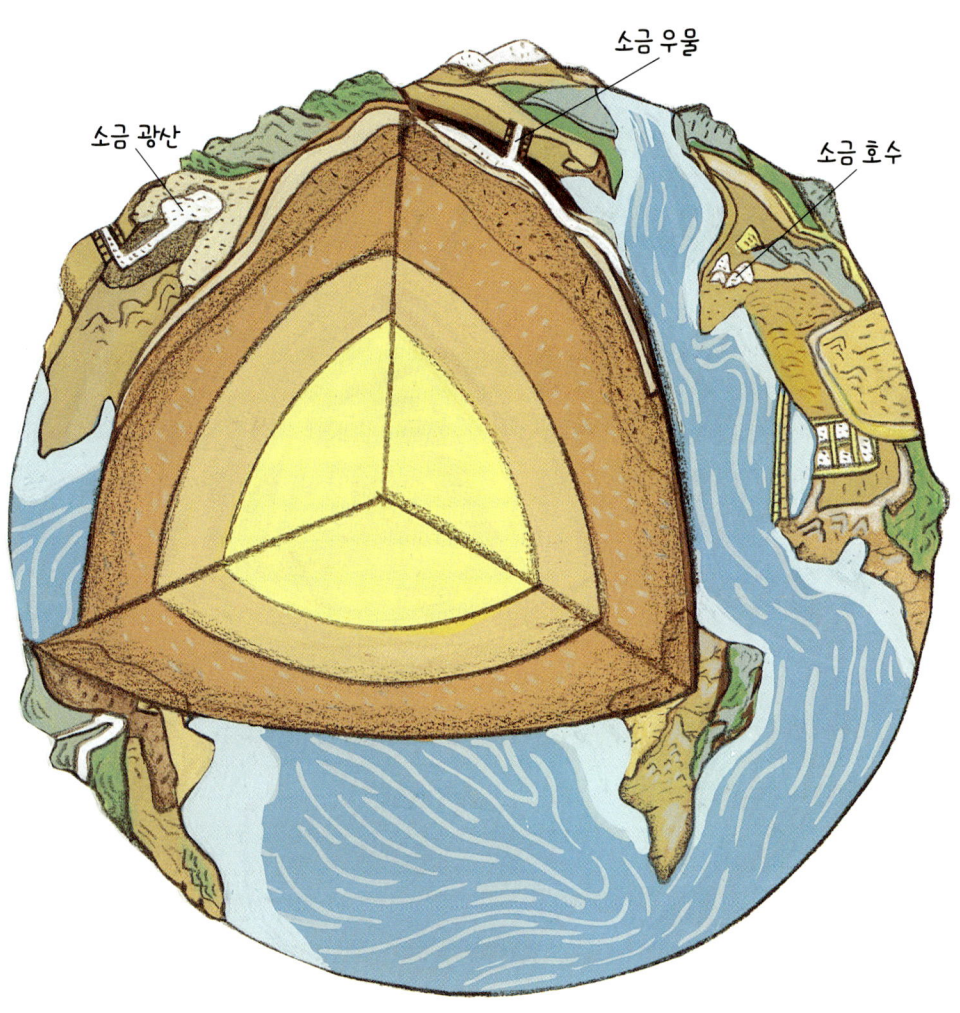

소금을 찾아 나선 인류의 발걸음

강아지나 고양이는 사람의 손바닥 핥는 걸 좋아해. 우리 손바닥에서 배어 나는 땀이 짭짤하니까 그것이 좋아서 그러는 거래.

이렇듯 동물도 소금이 필요해. 그런데 다른 동물을 잡아먹는 육식 동물은 따로 소금을 먹지 않아도 괜찮아. 다른 동물을 잡아먹으면서 그 동물의 몸속에 들어 있는 소금 성분을 충분히 섭취하기 때문이지. 하지만 풀만 뜯어 먹고 사는 초식 동물은 따로 소금을 먹어야 한단다. 풀에는 소금 성분이 거의 없기 때문이야. 그래서 풀만 먹는 양이나 말 같은 가축을 기를 때는 마른풀에 알맞은 분량의 소금을 뿌려 주어야 건강하게 자란다는구나.

오래전 구석기 시대 사람들은 먹을 만한 풀과 열매를 찾아 먹기도 하고 동물을 사냥해서 먹기도 했어. 동물을 잡아먹으면 동물의 몸속에 있는 소금을 섭취할 수 있었겠지. 오늘날에도 아프리카의 마사이 족은 소의 피를 마시는데, 그 이유가 바로 소금을 섭취하기 위해서라고 해. 마사이 족은 건조한 사막 지대에서 살기 때문에 물을 오랫동안 구하지 못할 때는 가축의 오줌을 마셔서 소금과 물을 보충하기도 했단다.

그런데 신석기 시대가 되면서 사람들은 농사를 짓게 되었어. 인간이 농사를 알게 된 건 정말 놀라운 일이야. 그전에는 까끄라기 씨앗이 달려 있는 식물의 씨앗을 훑어서 먹기도 했는데, 누가 우연히 알이 크고 맛 좋은 씨앗만 골라서 땅에 직접 뿌려 본 거야. 그랬더니 원하는 씨앗들을 많이 얻을 수 있었어. 그때부터 사람들은 이리저리 떠돌지 않고 한곳에 머물며 농사짓는 생활을 했어. 이것을 '농업 혁명'이라고 해.

그런데 농사를 지어 곡식과 채소를 잘 먹을 수 있게 되자 문제가 생겼어. 동물을 사냥해서 잡아먹지 않으니까 소금을 따로 먹어야 했던 거야. 그때부터 사람들은 소금을 찾아 나섰고, 더 많은 소금을 얻기 위해 지혜를 짜냈단다.

양이나 말 같은 동물은 야생 상태에서 자기들이 알아서 소금을 찾아 먹어. 사실 처음에 사람들이 소금을 찾게 된 것도 초식 동물의 안내를 받아서였단다. 아주 오래전 옛날, 돌도끼를 들고 다녔던 인간들은 매머드들이 자주 다니는 길을 따라가다가 소금 바위를 발견했다고 해. 아메리카 대륙에는 버펄로가 소금을 핥기 위해 다닌 소금길이 있었고, 아시아 대륙에는 야생의 양들이 소금을 찾아다닌 소

금길이 있었어.
미국의 뉴욕 주 버펄로에 위치한 이리 호 근처에는 거대한 소금 덩어리가 드러난 암염 지대가 있어. 옛날에 야생 버펄로들이 그곳에 와서 소금을 핥았다고 해. 버펄로들이 왔다 갔다 하다 보니 자연스레 넓은 길이 만들어졌지.
한편 현재의 미국은 유럽 사람들이 들어오면서부터 형성되기 시작했는데, 처음 아메리카 대륙에 왔던 유럽 사람들은 길도 없는 곳에서 어디로 가야 할지 당황스러웠어. 그때 버펄로들이 낸 널찍한 소금길을 발견하고 그 길을 따라가면서 적당한 곳에 정착해 도시를 만들었지. 그래서 도시 이름을 '버펄로'라고 부르게 되었단다.

신석기 시대의 농업 혁명 이후 돌을 이용해 도구를 만들던 사람들은 청동과 철을 발견하면서 더욱 강력한 무기와 농기구를 발전시킬 수 있었어. 인구가 점점 늘어나면서 사회 규모가 점점 커져 감에 따라 도시도 생기고 나라도 생겼지. 그리고 드디어 인류는 문명을 일으키게 되었어. 인류의 문명이 시작된 곳에서 소금 또한 중요한 역할을 했단다.

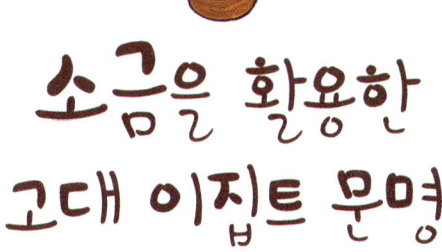

소금을 활용한 고대 이집트 문명

인간은 원시 시대부터 소금을 찾아 먹었어. 그런데 인류가 소금을 다양하게 활용한 것은 고대 이집트 문명 시기부터란다. 고대 이집트는 나일 강을 중심으로 세계 4대 문명 가운데 하나인 이집트 문명을 일구었지.

이집트에는 세계에서 가장 길다는 나일 강이 흐르고 있어. 그런데 나일 강은 강폭이 좁아서 비가 많이 오면 강물이 넘쳐 버리고, 비가 오래도록 안 오면 강바닥이 드러나 버려. 한편 이집트의 땅에는 소금 성분이 많은데, 나일 강이 자주 넘치면서 소금 성분이 강으로 흘러들어 가게 돼. 그러다가 가뭄 때문에 강물이 마르면 강바닥에는 소금 성분이 모래와 뒤섞여 남는단다.

이집트 사람들은 이렇게 마른 강바닥에서 얻는 소금을 '나트론'이라고 부르며 신성하게 여겼어. 소금의 화학 명칭은 염소와 나트륨이 결합되어 있다고 해서 '염화나트륨'이라고 하는데, 나트륨은 이집트의 나일 강에서 얻은 소금 '나트론'에서 유래한 명칭이지.

이집트에서는 소금을 구하기가 쉬웠어. 소금이 굳어서 돌처럼 된 암염도 있고, 바다 가까이에는 염분이 많은 호수도 있었지. 그러나 이집트 사람들은 중요한 종교 행사를 치를 때나 미라를 만들 때는 꼭 신성한 나트론을 썼다고 해.

이집트에서는 나일 강의 바닥에서 나는 소금 말고도 나일 강 하류에 형성된 삼각주에서 바닷물을 증발시켜 소금을 얻기도 했단다. 이처럼 소금이 풍부한 이집트는 매우 무더운 지역이어서 소금을 요긴하게 사용했어. 소금에는 부패를 막아 주는 뛰어난 보존력이 있기 때문이야. 소금은 특히 물고기나 육류를 오래 저장해 두고 먹을 때 아주 요긴하게 쓰였지.

이집트에서는 물고기를 소금에 절여서 파는 가게가 모여 있는 곳이 번성했어. 이집트는 이런 곳을 중심으로 지중해 건너 유럽과 중동 지역으로 소금에 절인 생선을 많이 수출했단다. 서양 역사에서 최초로 소금에 절인 식품을 가지고 무역을 한 거야.

5천 년이 넘는 역사를 자랑하는 이집트에는 스핑크스, 피라미드, 투탕카멘 같은 고대 이집트 문명의 유적과 유물이 많아. 그중에는 좀 으스스한 것도 있지. 피라미드에 안치된 관 속에 붕대를 둘둘 말고 있는 미라가 그래. 박물관에 전시된 미라를 보면 수천 년 전에 죽은 사람의 시신인데도 살아 있을 때 모습과 별로 다를 게 없어.

그런데 이집트 사람들은 왜 시신을 미라로 만들어 그렇게 오래 보존하려고 했을까? 이집트에서는 사람이 죽으면 다음 세상에 다시 태어난다고 믿었기 때문에 시신을 절대 훼손하면 안 된다고 생각했어. 그래서 이집트 사람들은 시신이 썩지 않는 방법을 찾았지. 바로 이집트에 풍부한 소금을 이용하는 방법이었어. 이집트 사람들은 부패를 막아 주는 소금이 시신을 보존하는 데도 효과적일 거라고 생각했지. 그래서 탄생한 것이 미라야. 그렇지만 이집트 사람이라고 모두 이렇게 미라가 된 것은 아니었어. 이집트의 왕인 파라오나 높은 지위에 있던 사람들만 미라로 만들어졌거든.

여기서 미라 만드는 방법을 살짝 엿볼까?

먼저 시신을 씻은 뒤 콧구멍으로 긴 갈고리를 넣어 뇌를 꺼내고, 왼쪽 갈비뼈 밑을 갈라서 내장을 꺼내. 꺼낸 장기들은 썩지 않게 처리해서 각각 다른 항아리에 담고. 내장을 꺼낸 몸속에는 이집트의 소금인 나트론을 헝겊에 싸서 채워 넣어. 시신의 모양이 흐트러지지 않게 조심하면서 말야.

그다음에는 시신 전체를 나트론에 묻어서 몸속의 수분이 전부 빠져나가게 해. 수분이 말끔히 빠져야 시신이 부패하지 않으니까. 40일이 지나면 나트론에서 시신을 꺼내지. 깨끗이 닦은 시신에 기름과 향료와 송진을 바른 뒤, 뇌와 내장의 비어 있는 부분을 헝겊으로 채우고 몸을 갈랐던 곳을 꿰매면 미라가 완성돼.

그런 뒤 보석이나 금으로 덮고 송진에 절인 붕대로 시신을 감아서 관에 넣어. 이렇게 하여 미라는 다음 세상에서 깨어나기를 기다리며 수천 년 동안 누워 있는 거란다.

이집트의 고대 무덤에서는 소금에 절인 생선이나 새가 발견되기도 했어. 그건 다른 세계에서 태어나기를 기다리고 있는 미라, 즉 죽은 사람을 위해 준비한 식사야. 살아 있을 때 즐겨 먹던 것을 차려 놓은 거지.

이집트 문명은 이처럼 나일 강에서 얻은 소금을 다양하게 활용하면서 더욱 풍요롭게 발전해 갔단다.

샐러드와 소금에 절인 올리브

기원전 3000년 무렵에 시작된 고대 이집트에서는 아직 종이가 발명되지 않았어. 그래서 이집트 사람들은 나일 강 습지에서 잘 자라는 파피루스라는 식물을 종이 대신 사용했어. 그런데 파피루스에 누가 이런 문장을 남겼다는구나.

"절인 채소보다 더 맛있는 음식은 없다."

우리나라 어른들이 "김치보다 더 맛있는 건 없다."고 하는 것과 다를 게 없는 말이지.

이집트 사람들은 소금물에 식초를 섞은 '옥살람'이라는 소스도 개발해서 신선한 채소에 끼얹어 먹었어. 요즘으로 치면 샐러드를 만들어 먹은 거야.

이집트 사람들은 올리브를 맛있게 먹는 법도 개발했어. 갓 딴 올리브 열매는 매우 딱딱한 데다 씁쓸해서 맛이 없단다. 비린 생선이나 새도 소금에 절여 맛있게 먹을 줄 알았던 이집트 사람들이니 올리브 열매도 소금물에 담가 보았겠지? 그랬더니 쓴맛이 없어지고 말랑해지면서 맛있어졌다는구나.

소금 민족, 켈트 족

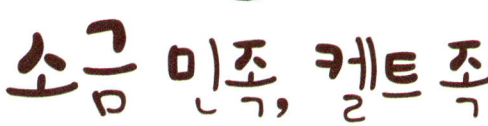

고대 이집트의 미라를 보면 정말 놀랍기 그지없어. 그런데 오스트리아의 할라인과 할슈타트에서도 깜짝 놀랄 만한 유물이 발굴되었단다.

1573년 할라인에 있는 소금 광산에서 옷을 입은 채 온전하게 보존되어 있는 남자의 시신과 곡괭이 등이 발견되었어. 과학자들이 연구한 결과 기원전 400년 무렵 소금을 캐던 켈트 족 광부가 소금 광산이 붕괴될 때 함께 묻힌 것으로 밝혀졌지. 그러니까 그 시신은 자그마치 2천 년 동안이나 썩지도 않고 보존이 잘돼 있었던 거야. 1616년에는 할슈타트의 소금 광산에서도 비슷한 시신이 발견되었단다.

모든 것이 크게 변하지 않고 거의 그대로인 것은 시신이 발견된 곳이 소금 광산이었기 때문에 가능한 일이었어. 소금의 놀라운 보존 능력 덕분이지.

켈트 족은 고대 유럽 대륙을 휩쓸고 다닌 무서운 민족으로 알려져 있단다. 켈트 족이

> ### 소금을 뜻하는 고대 켈트 어, '할(hal)'
>
> 고대 켈트 어로 '할(hal)'은 소금을 뜻해. 그래서 소금 광산이 있는 마을 이름에는 '할' 자가 붙은 경우가 많아. 오스트리아에 있는 '할슈타트'는 소금 도시라는 뜻이고, '할라인'은 제염소, 즉 소금을 만드는 곳이라는 뜻이야.

활동한 지역은 오늘날 프랑스 중부 지역부터 오스트리아, 헝가리까지 펼쳐져 있었어. 그 지역에는 소금과 철이 풍부해서 켈트 족은 소금 광산과 철광을 개발했지.

특히 켈트 족은 할슈타트 소금 광산을 개발하면서 크게 번성했단다. 소금 광산에서 일하기 위해 사람들이 모여든 데다 소금을 사고파는 큰 시장이 서면서 마을은 점점 더 커졌지.

이렇게 소금을 바탕으로 세력을 키우며 성장한 켈트 족은 철로 만든 무기로 무장하고 유럽 대륙을 종횡무진 누비며 정복 활동을 펼쳤어. 줄곧 켈트 족의 침공을 받던 로마는 40년 동안이나 켈트 족의 지배를 받기도 했단다.

로마 인들은 켈트 족을 '갈리아'라고 불렀는데, 그 말은 소금을 뜻하는 그리스 어 '갈'에서 유래한 거야. 말하자면 로마 인들은 켈트 족을 소금 민족이라고 불렀던 거지. 켈트 족이 소금을 교역하며 힘을 길렀기 때문에 그렇게 부른 거야.

 켈트 족은 풍부한 소금을 이용해 유럽에서 처음으로 햄을 만들어 먹기 시작한 민족이기도 해. 햄은 중부와 북부 유럽의 울창한 숲에 많이 살던 멧돼지나 사슴 같은 야생 짐승의 고기로 만든 음식이야. 켈트 족은 야생 짐승의 고기를 오래 보관하기 위해 소금을 바른 뒤 나무에 불을 지펴 생기는 연기에 쐬어 말렸어.

 중세 유럽에는 소금 연못과 관련한 민담이 널리 퍼져 있었는데, 햄을 즐겨 먹는 유럽 사람들이 전하는 이야기답단다. 유럽의 늪지대에서 사냥꾼들이 멧돼지 사냥에 나섰는데, 멧돼지 한 마리가 화살에 맞고 늪으로 도망을 쳤대. 얼마 뒤 사냥꾼들이 늪 위로 떠오른 죽은 멧돼지를 발견했을 때, 그 멧돼지는 소금에 절여져 있었어. 그 늪이 소금 연못이었던 거야.

 실제로 할슈타트에서도 처음에는 샘에서 짠물이 나오자 그것을 증발시켜 소금을 얻었다고 해. 그러다가 땅속에 거대한 돌처럼 묻혀 있는 소금층을 발견하고 소금 광산으로 개발했어. 켈트 족은 이렇게 알프스 산맥 속에 묻혀 있던 소금을 캐내 교역하면서 힘을 기르고 유럽을 휩쓰는 큰 세력으로 성장했단다.

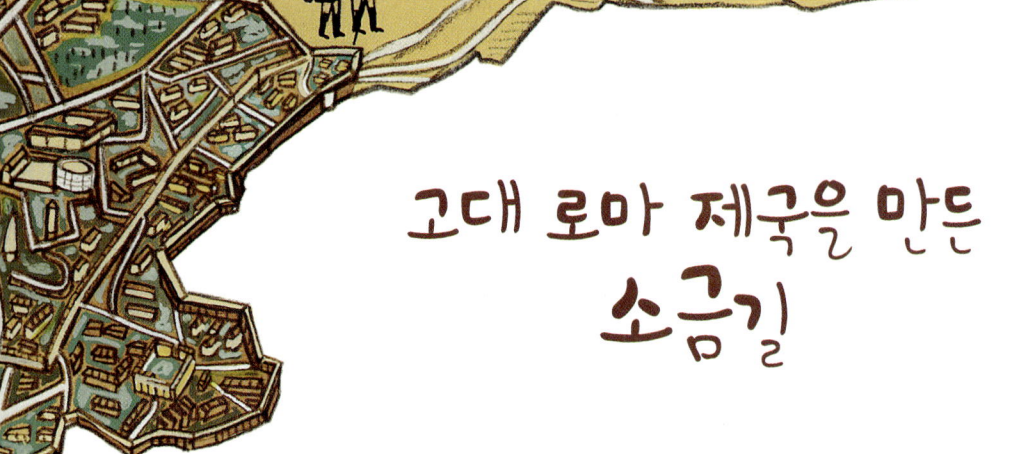

고대 로마 제국을 만든
소금길

 고대 로마는 서양에서 최초로 거대한 제국을 건설한 나라야. 고대 로마는 기원전 3세기 초에 이탈리아 반도를 통일하고, 기원전 2세기 중엽에는 지중해 지역을 통일하면서 고대 서양에서 가장 큰 제국으로 성장했지. 이런 로마 제국도 처음에는 작은 도시 국가에서 출발했는데, 로마가 큰 제국으로 세력을 떨치게 된 데에는 소금이 꽤 중요한 역할을 했단다.

 고대 로마가 자리 잡은 곳은 원래 예전부터 소금 상인들이 오가다가 쉬는 지역이었대. 소금 상인들이 싣고 다니는 소금을 본 지역 주민들은 자기들이 생산한 물건들을 소금과 바꾸기 시작했지. 그러면서 그곳에는 작은 시장이 형성되었어. 그러다가 점차 주변 지역 주민들까지 와서 시장을 보면서 시장이 점점 더 커지고 더 많은 사람들이 모여들었지. 그렇게 해서 고대 로마가 이룩되었으니, 로마는 소금으로 태어난 도시라고 해도 될 것 같아.

그 뒤 로마는 주변의 여러 민족을 침략하면서 세력을 키워 갔는데, 이때 주변 나라들이 개발해 놓은 염전도 손에 넣었어. 로마는 이제 이탈리아 반도의 해안 곳곳에 있던 제염소들을 차지하고는 로마로 소금을 실어 나르기 시작했어.

고대 로마 제국의 초기에 만든 도로는 이렇게 로마로 소금을 운반한 길이었어. 이 길을 '비아 살라리아'라고 하는데, 소금길이라는 뜻이지. 기원전 600년께 오스티아 해안에서 만들어진 소금을 로마까지 운송하려고 만든 소금길이었던 거야. 비아 살라리아를 통해 로마 시내로 들어오는 곳에는 소금문도 세웠단다.

고대 로마가 거대 제국이 된 후에는 돌을 이용해 오늘날의 포장도로와 견주어도 뒤지지 않는 튼튼한 길을 잘 만들었어. 길을 만들면 사람들이 지나

소금에서 생겨난 단어들

고대 로마의 공용어는 라틴 어였어. 고대 로마의 영향을 받은 유럽은 언어에서도 라틴 어의 영향을 많이 받았지. 라틴 어에서 소금을 뜻하는 '셀(sel)'이나 '살(sal)'은 지금의 일상 영어에도 많이 등장한단다.

소금은 영어로 '솔트(salt)'라고 해. 직장에서 봉급을 받아 생활하는 사람을 흔히 샐러리맨이라고 하는데, 여기서 '샐러리(salary)'는 봉급을 뜻해. 이 말은 로마 시대에 병사들이 받았던 급료인 '살라리움(salarium)'에서 유래했어. 로마에서는 살라리움을 소금으로 지급하거나 소금을 사라고 돈을 지급했기 때문이야. 병사라는 뜻의 '솔저(soldier)'는 소금을 급료로 받았던 군인들을 가리키는 말에서 만들어졌어. '샐러드(salad)'라는 말은 '소금을 뿌렸다'는 뜻에서 만들어진 말이고, '소스(sauce)'라는 말도 '소금을 친'이라는 뜻의 라틴 어 '살수스(salsus)'에서 나온 거란다.

다니고 짐꾼들과 수레들이 지나다니면서 길을 통해 교역이 일어나지. 그 길로 군사들을 보내 주변 지역과 전쟁을 벌이게 했고, 주변 지역을 점령하면 또 그 길로 전리품을 싣고 돌아왔어.

로마는 전쟁을 바탕으로 점점 강성해졌어. 그리고 길은 점점 더 늘어났지. 몸속의 수많은 혈관이 심장과 연결되어 있듯이 모든 길은 로마와 이어져 있었어. 그래서 이런 말이 생겼나 봐.

'모든 길은 로마로 통한다.'

로마로 통하는 수많은 길들의 처음은 바로 소금길이었던 거야.

로마의 액젓, 가룸

사치스러운 문화로 유명한 고대 로마에서는 음식 문화도 발달했어. 그중에 로마 사람들이 한 끼도 빼놓지 않고 먹었다는 소스가 있어. 바로 생선을 발효시킨 '가룸'이라는 소스였지. 음식이 썩은 듯한 비린내가 진동하지만 로마 사람들은 가룸 없이는 식사를 할 수 없을 정도였다고 해. 뭔가 특유의 감칠맛이 있었나 봐. 우리나라의 청국장처럼 말이야.

가룸은 소금에 절인 생선을 살이 문드러지도록 숙성시킨 다음 그 액만 거른 것으로, 고대 로마 시대의 액젓이라고 할 수 있어. 우리나라에서 김치를 담글 때 쓰는 멸치 액젓이나 까나리 액젓과 비슷한데, 좀 더 걸쭉하고 탁하고 냄새가 심했을 거야.

고대 로마에서는 짙은 갈색의 액젓 상태인 가룸을 음식의 간을 맞출 때 양념으로 사용했어. 포도주, 식초, 물 등과 섞어서 쓰기도 했고.

16세기 이후로는 가룸을 먹은 사람이 없었다는데, 요즘에는 그 맛을 되살려서 먹기도 한다는구나.

소금 전매 제도로
부유해진 고대 중국

 세계 4대 문명 가운데 하나를 탄생시킨 고대 중국도 소금을 잘 활용해서 정치와 경제를 발전시켰단다. 우리나라 서해안 맞은편에 있는 중국의 동쪽 해안은 바닷물로 소금을 만드는 데 좋은 조건을 갖추고 있어. 그래서 중국은 아주 오래전부터 그곳에서 소금을 만들어 왔단다.

 중국은 특히 국가가 소금을 생산하고 판매하는 모든 일을 장악해 나라의 재정을 넉넉하게 마련하는 제도를 처음으로 만들었어. 그 일을 주도한 사람은 중국에서 고대의 경제 영웅이라고 칭송하는 관중이야.

 지금부터 2700여 년 전, 중국의 산둥 성에 '제'라는 나라가 있었어. 그 무렵 중국은 아직 통일되지 않은 상태여서 여러 나라가 서로 힘을 겨루며 경쟁하고 있었지. 제나라 왕은 관중을 재상으로 뽑았어. 재상이 된 관중은 제나라를 부유하고 강한 나라로 만들기 위해 많은 노력을 기울였어. 그중에서도 소금을 나라가 관리함으로써 제나라 경제를 부유하게 한 일은 아주 성공적이었단다.

 어느 날, 관중은 소금을 나라에서 관리하면 좋겠다고 생각해 왕에게 제안했어.

"우리 제나라의 거전이라는 곳에서 소금이 나옵니다. 백성들에게 땔나무를 베어다 바닷물을 끓여서 소금을 만들게 하면 좋겠습니다. 그리고 그 백성들에게 나라에 낼 세금을 소금으로 내게 하는 겁니다."

왕이 관중의 제안을 받아들여 가을부터 소금을 거둬들였더니, 이듬해 정월에는 엄청난 양의 소금이 쌓였어. 그래서 왕은 관중을 불러 물었지.

"이 많은 소금을 어떻게 하려 하시오?"

그러자 관중이 대답했어.

"곧 봄이 되면 백성들은 모두 농사일에 나섭니다. 그러면 소금을 생산하고 싶어도 일꾼을 구할 수가 없기 때문에 소금값은 분명 열 배로 뛸 것입니다."

다시 왕이 물었어.

"그럴듯한 말인데, 그럼 소금은 어디에 어떻게 팔면 좋겠소?"

관중은 이렇게 대답했지.

"양나라, 조나라, 송나라, 위나라로 수출하는 겁니다. 이들 나라에서는 소금이 생산되지 않아 늘 수입하고 있지요."

관중의 말대로 제나라는 소금을 수출해 엄청난 황금을 벌어들였단다.

이와 같이 나라에서 소금의 생산과 판매를 독점하는 것을 '소금 전매 제도'라고 해. 곧 소금을 사고파는 모든 일을 나라에서 도맡아 하고 개인은 참여하지 못하게 한 거야. 그러면 소금으로 거둬들이는 모든 이익이 고스란히 나라의 재정이 될 수 있었지. 관중은 이렇게 중국에서 처음으로 소금 전매 제도를 시행해 성공을 거두었단다.

그런데 이 무렵에는 제나라를 비롯한 여러 나라가 세력을 다투던 때라 중국 전체에서 소금 전매 제도가 시행된 것은 아니었어. 그때부터 500여 년

뒤인 기원전 221년에 처음으로 중국이 통일되었어. 진시황이 중국을 통일하고 진나라를 세운 거야. 진시황은 거대한 중국을 다스릴 수 있는 여러 가지 제도를 만들었는데, 이때 소금 전매 제도도 통일된 중국에서 전국적으로 시행되었어. 진시황은 자기가 만든 제도들을 제대로 시행하게 하려고 지나치게 몰아붙였어. 소금 전매 제도도 심하게 시행했지. 그러다가 진나라는 15년 만에 망하고 말았단다.

진나라에 이어 한나라가 들어섰는데, 한나라는 북방 민족들과 전쟁이 잦았어. 한나라는 전쟁 비용을 마련하는 일이 급해지자, 소금을 나라에서 관리해 그 이익을 전쟁 비용으로 썼단다. 이때부터 소금 전매 제도는 중국의 제도로 확고하게 자리 잡게 되었어.

나라를 경영하려면 기본적인 나랏돈이 있어야 해. 나랏돈이 있어야 큰길도 새로 만들 수 있고, 나라에서 벌이는 이런저런 공사도 진행할 수 있고, 가난한 국민들을 위한 의료 복지 제도도 시행할 수 있거든.

국가는 이런 나랏돈을 마련하기 위해 주로 국민에게 세금을 거두었어. 정부에서 직접 특정한 사업을 벌여 그 이익금을 나랏돈으로 모으기도 하고. 중국에서는 일찍이 소금이 모든 사람들에게 없어서는 안 될 생필품이라는 사실을 알아차리고 나라 재정에 보탬이 되는 소금 전매 제도를 시행했던 거란다.

소금 때문에 일어난 반란

중국에서는 한나라 이후 소금 전매 제도가 전통으로 자리 잡았어. 그런데 백성들에게는 국가만 소금을 생산하고 팔 수 있는 제도가 꼭 좋지만은 않았어. 왕이 흥청망청 돈을 써 대거나 정치를 제대로 못해서 나랏돈이 바닥나면 애꿎은 소금값을 올렸기 때문이야. 소금을 비싸게 팔아서 그 이익금으로 바닥난 나랏돈을 채우려 한 거지. 그러다 보니 소금값이 일 년 사이 수십 배에서 백 배까지 뛰는 일도 있었대. 이렇게 나라에서 소금값을 올리면 가난한 백성만 더 괴로워져. 그래서 백성들이 이에 저항해 반란이나 혁명을 일으키기도 했단다.

중국 당나라 말기에도 정치가들이 서로 권력을 차지하려고 싸우기에 바빴어. 정치가들이 정치를 제대로 못하니 나라 살림에 필요한 자금도 마련하기 힘들었지. 그래서 정부에서는 소금을 비싸게 팔아 자금을 마련하려고 했어. 그 바람에 소금값은 하늘 높은 줄 모르고 치솟았지.

소금 없이 살 수 있는 사람은 없어. 아무리 가난한 백성도 소금을 사지 않고는 못 살아. 소금값이 터무니없이 비싼 탓에 가난한 백성들은 살기가 더 어려워졌지. 그러자 백성들 사이에서 불만이 터져 나왔어.

"나라를 다스린다는 사람들이 자기들은 온갖 호사를 다 누리면서 백성들만 쥐어짜는구나!"
"왜 소금을 자기네들이 독점하고 마음대로 값을 올리는 거야?"

그런데 나라에서 개인의 소금 판매를 금지하는데도 소금을 몰래몰래 파는 사람들이 있었어. 소금을 조금이라도 싸게 살 수 있어서 백성들에게는 고마운 사람들이었지.

그러던 어느 해 큰 흉년이 들었는데, 나라에서는 굶주린 백성들은 아랑곳하지 않고 세금을 높게 매겨 거둬들이기에 바빴어. 백성들은 더는 참을 수가 없었지. 그러자 몰래 소금을 싸게 팔면서 백성들과 가깝게 지내던 황소와 왕선지 같은 소금 장수들이 분노하는 백성들을 이끌고 반란을 일으켰어.

875년에 시작된 이 반란을 '황소의 난'이라고 해. 반란은 880년 당나라의 수도를 점령할 만큼 기세가 대단했어. 황소는 부하가 배신하는 바람에 죽었지만, 황소의 난을 계기로 당나라는 그 뒤 얼마 못 가 망하고 말았단다.

사하라 사막의 소금이 꽃피운 이슬람 문명

아프리카 북부에 위치한 사하라 사막에는 아주 오래전부터 낙타를 몰고 사막을 오가는 상인 무리가 있었어. 이들을 '대상' 또는 '카라반'이라고 해.

대상들은 위험한 사하라 사막에서 살아남기 위해 거대한 무리를 이루어 움직여. 길을 잃거나 도둑 떼를 만나는 등 위험에 빠졌을 때 서로 돕기 위해서란다. 대상들은 수만 마리의 낙타를 몰고 한 달여에 걸쳐 사막을 건너. 한낮이면 섭씨 50도가 넘는 무더운 사막을 여행한다는 건 위험한 일이었어. 자칫 길을 잃으면 물을 얻지 못해서 죽을 수도 있고, 열병에 걸려 죽을 수도 있었지. 낙타들도 더위와 갈증에 시달리다 많이 죽곤 했단다.

그래서 예전에는 이런 위험을 무릅쓰며 나른 소금의 가치가 거의 황금과 맞먹을 만큼 비쌌다고 해. 지금도 사하라 사막에는 소금 실은 낙타들을 몰고 다니는 대상들이 있단다. 물론 지금은 소금값이 아주아주

화폐로 쓰인 소금

지중해 주변의 여러 지역에서는 소금 덩어리를 화폐로 쓰기도 했단다. 중국에서는 소금을 틀에 넣어 굳혀서 동전처럼 만든 뒤, 황제의 문양을 새겨 화폐로 이용했다는 기록도 있어. 아프리카와 티베트에도 이런 소금 화폐가 있었다고 해.

싸졌지만 말이야.

사하라 사막은 세계에서 가장 큰 사막이야. 워낙 커서 북아프리카에 있는 모리타니, 말리, 알제리, 니제르, 리비아, 이집트 등 여러 나라에 걸쳐 있지. 그중 말리와 모리타니에 속한 사하라 사막 깊은 곳에 유명한 타우데니 소금 광산이 있어. 타우데니 소금 광산에서 캐낸 소금은 낙타에 실어서 다시 사하라 사막을 보름 넘게 가로질러 사막 남쪽 끝에 위치한 팀북투로 보냈어.

예전에 사하라 사막 북쪽의 베르베르 족은 곡물이나 말린 과일 따위를 가지고 타우데니 소금 광산으로 와서 소금과 물물교환을 했어. 베르베르 족은 그곳에서 소금을 싣고 다시 사하라 사막을 건너 팀북투로 갔지.

소금을 사기 위해 아프리카의 상인들이 모여들면서 팀북투는 점점 큰 도시가 되어 갔어. 상인들은 이곳에서 소금을 황금과 상아로 교환했어. 또 소금과 노예를 맞바꾸기도 했지. 팀북투는 사하라 사막 너머 남쪽 아프리카로 이어지는 길목에 있기 때문에 사하라 사막의 북쪽과 남쪽을 잇는 무역이 이곳을 중심으로 이루어진 거란다.

한편 사하라 사막을 건너 팀북투에 온 북아프리카의 베르베르 족이 소금 교역을 하는 과정에서 이슬람 문명까지 아프리카로 따라 들어오게 되었어. 북아프리카는 아랍과 가까워서 일찍이 이슬람의 종교와 문화를 받아들였거든. 팀북투는 주변에 도시라고는 없는 사막 끝의 아주 외진 곳이었어. 그런데 소금과 황금을 교역하면서 아프리카의 돈이 모두 이곳으로 몰렸지. 그러다 보니 새로운 문화를 적극 받아들일 수 있는 엄청난 부가 쌓였단다.

도시가 부유해지자 학문과 문화가 꽃피기 시작했어. 특히 만사 무사라는 왕이 다스리던 시기에는 화려한 궁전과 사원, 학교를 많이 세웠단다. 대학도 세웠는데, 상코르 대학은 학생이 2만 5천 명이나 되는 데다 이슬람 학자들이 모여들어 학문의 중심지가 되었어.

팀북투에는 거대한 도서관도 지어졌단다. 그 도서관에는 이슬람의 귀중한 책이며 문서들을 빠짐없이 모아 두었대. 그 무렵 팀북투에서는 책을 얼마나 소장하고 있느냐에 따라 얼마만큼 부자인지를 알 수 있었다는구나. 지식을 향한 열망이 참 대단한 도시였어. 한마디로 팀북투는 서양의 로마와 같은 곳이라고 할 수 있지. 이 모든 것이 팀북투가 소금으로 번성한 덕분이었단다.

그러나 팀북투는 1591년 모로코의 지배를 받으면서 철저히

몰락하고 말았어. 지금은 도서관에 있던 책과 오래된 문서들, 그리고 정교한 이슬람 건물 몇 채만 남아 있지. 그래서 팀북투는 이슬람 문화의 영광을 간직한 도시로 유네스코 세계 문화 유산에 등록되었단다.

사람도 동물도 식물도 살기 어려운 사막에서 이처럼 소금길을 따라 문명이 오가고 화려한 문화가 꽃피었다는 사실이 참 놀랍지?

세계의 역사를 만든 소금

세계의 역사를 살펴보면 소금과 관련된 중요한 사건들이 많아.
소금은 중세 유럽 문명이 발전하고 경제가 성장하는 과정에서 큰 역할을 했단다.
또 소금은 미국 독립 전쟁의 불씨가 되어 그 승패를 좌우하기도 했어.
프랑스에서는 대혁명이 일어나는 계기가 되기도 했지. 그리고 소금은
산업 혁명으로 화학 산업의 원료가 되면서 가치가 더욱 높아졌어.

소금 교역으로
번영을 누린 베네치아

유럽 남부의 이탈리아는 우리나라처럼 국토의 삼면이 바다로 둘러싸인 반도 국가야. 이탈리아는 장화처럼 생긴 영토를 지중해를 향해 쑥 내뻗고 있어. 여기에서 고대 로마 제국이 일어섰지. 로마 제국이 멸망한 뒤 지중해에는 새로운 도시 국가들이 등장해 서로 경쟁했어. 그 가운데 베네치아는 소금 무역으로 많은 부를 쌓으며 번성했어.

베네치아는 훈 족이 이탈리아 반도를 침략하자 바닷가로 피해 간 사람들이 갯벌 위에 세운 마을로 시작했단다. 베네치아는 6세기까지만 해도 소금과 생선을 팔던 작은 어촌에 불과했지만, 소금 생산 방식을 발전시키고 새로운 염전을 만들면서 쑥쑥 성장했어.

지중해에는 로마 시대 이전부터 소금을 생산하던 곳이 많았어. 그래서 소금을 생산하고 판매하는 곳들끼리 소금에서 나오는 이익을 더 많이 차지하려고 격렬하게 경쟁하곤 했지. 베네치아도 다른 지역 염전과 경쟁하느라 다른 염전들을 파괴하기까지 했다는구나.

그러다가 베네치아 사람들은 소금을 생산하는 것보다 소금을 파는 게 더 많은 돈을 벌어들인다는 사실을 알게 되었어. 베네치아는 지중해 주변의 염전은 물론이고 아프리카, 에스파냐(스페인), 그리스 등지에서 소금을 사들이고 그것을 다시 유럽에 수출하면서 소금 무역의 중심지로 바뀌어 갔어.

베네치아가 소금 무역의 중심지가 될 수 있었던 것은 소금 상인들이 언제든 소금을 필요한 만큼 살 수 있었기 때문이야. 베네치아에서 다른 곳보다 소금값을 좀 더 비싸게 쳐주는 대신 소금을 넉넉하게 확보할 수 있었던 거지. 많은 소금 상인들이 소금을 쉽게 살 수 있는 베네치아로 몰려들자 베네치아는 지중해 소금 무역의 중심이 되었고, 소금을 아주 비싸게 팔아 큰 부를 쌓게 되었단다.

지중해는 서양과 동양이 만날 수 있는 다리와 같은 지역이야. 그래서 유럽에서는 소금을 사기 위해서뿐만 아니라 동양에서 나는 귀한 향신료와 보물들을 구하려고 지중해로 몰려들었어. 지중해의 여러 도시들은 동양의 물품을 싸게 사서 유럽에 비싸게 팔아 큰 이익을 남겼지. 그중에서도 소금 무역으로 세력을 키운 베네치아는 10세기부터 15세기까지 동서양의 국제 무역이 펼쳐지는 지중해의 주역이 되었어.

지중해에서 이루어진 동양과 서양의 교류는 중세 유럽 문명을 키우는 젖줄이 되었어. 그때만 해도 동방의 이슬람 세계는 유럽보다 훨씬 수준 높은 지식 문화를 자랑했거든. 유럽은 지중해에서 무역을 벌이면서 이슬람의 수준 높은 지식 문화를 받아들이고, 그것을 바탕으로 유럽의 문명을 한층 풍부하게 발전시킬 수 있었던 거야.

그런데 콜럼버스가 아메리카 대륙을 발견하면서부터 사정이 달라졌어.

아메리카 대륙에서 더욱 진기한 물품들이 들어오기 시작했거든. 또 아프리카를 돌아 동양으로 가는 바닷길도 개척되었어. 그동안 지중해에서는 동양의 물품을 싸게 사서 유럽에 비싸게 팔아 이익을 남겼는데, 이제는 유럽의 각 나라가 직접 동양으로 가서 싼값에 물건을 사 오게 된 거야. 그러니 지중해 무역은 더 이상 중요하지 않게 된 거지. 그 뒤 세계 여러 나라로 항해하던 배들이 모여 북적대던 지중해는 조용해지고, 흥성하던 베네치아도 내리막길을 걷게 되었단다.

그런데 대서양을 항해해서 아메리카 대륙을 발견하고 동양으로 가는 새로운 항로를 개척할 수 있었던 것은 사실 소금 무역에서 시작된 지중해의 무역이 발전했기에 가능한 일이었어. 지중해 무역을 통해 좋은 배를 만들고 항해 기술도 더욱 발전시켰기 때문이야.

중세 유럽을 살린 소금에 절인 대구와 청어

소금에 절인 대구

중세에는 북유럽 쪽의 대서양에서 대구와 청어가 거대한 떼를 이루며 바다를 누비던 시절이 있었단다. 잘 만든 배만 있으면 대서양 먼 바다로 나가 대구와 청어를 끝없이 잡을 수 있었지. 그런데 많이 잡으면 뭐 해. 먼 바다에서 돌아와 팔려고 하면 생선들이 푹푹 썩어 가기 일쑤인걸.

지금이야 냉동 시설을 갖춘 배가 있어서 모두 얼려 버리면 되지만, 중세에는 한 가지 방법밖에 없었어. 바로 소금에 절이는 방법이야. 그래서 생선을 소금에 절이는 기술이 발달했어. 엄청난 양의 대구와 청어가 소금에 절여진 덕분에 바다에서 멀리 떨어진 유럽 대륙 깊숙한 곳에 사는 사람들도 생선을 먹을 수 있게 되었지. 특히 소금에 절인 대구는 중세 유럽을 몇백 년 동안 먹여 살렸다고 할 수 있을 만큼 중요한 식품이 되었어.

중세 유럽은 가톨릭이 사회를 지배했어. 중세 가톨릭에서는 종교적으로 의미가 있는 날에 고기를 먹지 못하게 하거나 아예 음식을 먹지 못하게 하는 규율이 있었어. '사순절'이라는 기간에는 일요일을 뺀 40일 동안 하루에

한 끼만 먹고 동물의 고기는 먹을 수 없었지. 사순절은 예수님이 겪은 고난을 깊이 새기고 기억하는 기간이야. 이 기간에 신자들은 자기의 잘못을 반성하고 기도하며 절제된 생활을 했어. 또 예수님이 십자가에 못 박혔던 날은 아예 음식을 먹을 수 없었지. 중세 유럽에서는 이렇게 정해진 종교적 금식이 매우 엄격하게 지켜졌단다.

그런데 다행히 고기를 못 먹게 하는 금식일이라도 생선은 먹을 수 있었어. 특히 북유럽은 겨울이 몹시 추워서 고기를 먹지 않고는 견디기 힘든 곳이라 종교적인 기간 동안은 생선이라도 먹어야 했지. 그래서 종교적인 금식 기간이 길어진 중세 유럽에서는 생선이 절대적으로 필요한 식품이 되었단다.

그중에서도 소금에 절인 대구는 중세 유럽 사람들이 사순절에 먹는 대표 음식이 되었어. 그러다 보니 소금에 절인 대구는 중세 유럽에서 큰 무역 품목으로 발전해 갔단다.

소금과 청어를 장악한 한자 동맹

발트 해와 북해에서 많이 잡힌 대구와 청어는 소금에 절여져 유럽 전역으로 팔려 나갔어. 이렇게 해서 소금에 절인 생선은 유럽 경제와 무역을 움직이는 중요한 원동력이 되었지. 그런데 품질에 문제가 생겼어.

"이건 재가 섞인 소금으로 절인 청어야. 이걸 어떻게 먹어?"

"이건 소금기가 거의 없어서 완전히 썩어 버렸어."

"여기 봐, 상자 위쪽에만 좋은 청어를 놓고 안 보이는 아래쪽에는 말라비틀어지고 상한 청어를 담아 놓았어. 이런 사기꾼들 같으니라고!"

절인 청어의 질이 좋지 않으니 여기저기서 원성이 높았어.

이때 한자 동맹이라는 곳에서 절인 청어의 품질을 책임지겠다고 나섰어. 물론 한자 동맹은 청어를 절이는 데 필요한 질 좋은 소금을 확보하기 위해 수많은 염전을 사들인 터였지. 한자 동맹은 13세기부터 독일 북부의 상업 도시들이 경제적인 이익을 거두기 위해 만든 연합체란다. '한자(Hansa)'란 '동료'라는 뜻의 중세 독일어에서 유래한 말이지.

"자! 우리 한자 동맹이 파는 것은 좋은 소금에 절인 청어랍니다. 상자째 사도 모두 맛있고 좋은 청어만 들어 있습니다. 우리 한자 동맹이 보증하는

겁니다."

 이렇게 해서 한자 동맹은 유럽 전역에서 소금에 절인 생선의 교역을 장악해 많은 이익을 거두었어.

 한자 동맹은 또 다른 방법으로도 엄청난 이익을 냈지. 우선 멀리 항해할 수 있는 선박을 이용해 먼 곳으로 가서 청어를 팔아. 그리고 그곳을 떠날 때는 그 지역의 특산물을 사서 그 특산물을 필요로 하는 다른 지역에 가져다 파는 거야. 이렇게 한자 동맹은 중세 유럽 상업의 역사에서 큰 역할을 했어.

그러나 역사에서 영원한 승자는 있을 수 없잖아? 한자 동맹도 16세기에 이르러서는 세력이 점점 약해졌어. 한자 동맹은 절인 청어와 소금 교역을 독점해서 자신들만 이익을 독차지하려고 했어. 주변의 다른 나라들은 절대 청어와 소금 교역에 나설 수 없게 방해했지. 그러자 다른 나라들이 자기 나라의 경제 활동을 방해하는 한자 동맹에 슬슬 맞서기 시작했어. 특히 네덜란드가 소금에 절인 생선의 교역을 장악하면서부터 한자 동맹은 힘을 잃고 사라져 갔단다.

이제 유럽의 여러 나라들이 직접 바다로 나서기 시작했어. 생선을 더 많이 잡기 위해 더 멀리 갈 수 있는 배를 만들었고, 항해 기술도 날로 발전했지. 그 결과 아메리카 대륙도 발견하게 된 거란다.

한편 500년이 넘도록 북대서양에서는 대구가 어마어마하게 많이 잡히고 소금에 절여졌어. 대구는 한없이 공급될 줄 알았지. 그런데 그 많던 대구가 지금은 멸종 위기에 놓여 있다고 해.

청어로 부자가 된 네덜란드

네덜란드 사람들은 '더치하링'이라는 음식을 즐겨 먹어. 더치하링은 소금물에 절인 청어란다. 그런데 먹는 방식이 재미있어. 절인 청어의 꼬리를 잡고 청어의 몸통을 통째로 입안에 쑤욱 넣고 먹는 거야. 아무래도 고개를 뒤로 젖히고 먹겠지? 그렇게 더치하링을 즐기는 네덜란드 사람들의 말을 들어 보렴.

"암스테르담은 청어의 뼈 위에 건설되었답니다."

네덜란드의 수도인 암스테르담 시민들이 자랑스럽게 하는 말이야. 네덜란드 하면 튤립과 나막신과 풍차 같은 예쁜 광경이 떠오르기 마련인데, 이건 도대체 무슨 말일까?

네덜란드는 국토가 바다보다 낮은 저지대에 자리 잡은 데다, 얼마 안 되는 땅마저도 질척거리는 뻘밭이어서 다른 유럽 국가들보다 가난했어. 그런 네덜란드가 청어 덕분에 부자 나라가 되었단다.

네덜란드는 14세기부터 당시에는 잘 알려지지도 않은 먼 바다까지 나가 청어를 잡으러 다녔대. 그 무렵 발트 해와 북해는 청어로 가득 찼더란다. 네덜란드 어선들은 그 청어들을 잡아 올리고 소금에 절여서 유럽과 아프리카에까지 파는 무역으로 부를 쌓아 유럽의 경제 대국이 되었어. 그래서 네덜란드에서는 자기들 나라가 청어의 뼈 위에 세워졌다고 자랑스럽게 말하는 거야.

네덜란드가 청어로 큰 수익을 거둘 수 있었던 것은 빌렘 벤켈소어라는 어부 덕분이라고 알려져 있어.

1358년 평범한 어부였던 빌렘 벤켈소어는 청어 내장을 한 번에 따 낼 수 있는 칼을 만들어서 청어를 빠르게 손질하는 방법을 고안해 냈어. 그리고 손질한 청어를 간수(짠 소금물)가 담긴 통에 차곡차곡 넣어서 저장하는 통절임 방법을 개발했지. 기름기가 많아서 하루만 지나면 변질되던 청어를 이제 일 년 동안이나 저장해 두고 먹을 수 있게 된 거야.

사실 그전에도 생선을 소금에 절여 보관하는 방식은 있었어. 다만 빌렘 벤켈소어가 청어를 더욱 손쉽게 손질해 효율적으로 저장할 수 있는 통절임 기술을 개발했다는 점이 의미 있는 거겠지. 지금도 네덜란드에서는 해마다 청어 축제를 열어 빌렘 벤켈소어를 기린다고 해.

오늘날 세계 경제를 움직이는 주식회사, 증권 거래소, 은행, 신용 대출 같은 제도는 네덜란드에서 시작되었다고 해. 바로 네덜란드의 청어잡이와 절인 청어를 팔아 거두어들인 엄청난 자본 덕에 만들어진 제도들이야.

미국의 전쟁과 소금

영국을 비롯한 유럽의 여러 나라들은 15세기부터 유럽을 벗어나서 바다로 나아가 세계를 항해했어. 아메리카 대륙을 발견하고 아프리카와 인도, 동남아시아 등을 찾아다니기도 했지. 그러고는 새롭게 발견한 땅을 차지해 자기들의 식민지로 지배하기 시작했어.

오늘날 미국은 세계에서 영향력이 아주 큰 나라라고 할 수 있지만, 그런 미국도 처음에는 영국의 식민지였단다. 한편 영국은 식민지 국가들이 오직 영국하고만 무역을 하도록 규제하며 많은 이익을 챙겼지.

처음 미국에 가서 살게 된 사람들은 영국의 청교도들이었어. 그들은 영국에서 청교도를 믿는다고 종교적으로 박해하자 종교의 자유를 찾아 미국으로 건너간 사람들이었지. 유럽에서 살다가 전혀 낯선 땅에 와서 보니 자신들이 쓰던 여러 가지 생활필수품을 구하기가 어려웠어. 처음에는 소금도 구하기 힘들어 영국에서 수입해 쓰는 수밖에 없었지.

다행히 차츰 시간이 지나면서 버펄로들이 소금을 핥는 소금 바위도 발견하고 소금 호수도 발견하고, 또 소금 호수에서 소금을 생산하는 제염소도 만들었어. 나아가 소금을 이용해서 만드는 물품들도 스스로 생산할 수 있게 되었지.

한편 영국에서는 새로운 소금 광산을 개발해 자기들의 식민지 국가에 소금을 팔았어. 식민지 국가들은 소금을 잘 생산하고 있다가 영국의 소금이 싼값에 들어오자 힘들여 소금을 생산하지 않게 되었어. 결국 미국을 비롯한 식민지 국가들은 영국이 노린 대로 소금 산업을 발전시키지 못하고 계속 영국의 소금을 사게 되었단다.

한편 그즈음 영국은 북아메리카에서 식민지를 넓히려고 프랑스, 에스파냐와 전쟁을 벌이고 있었어. 전쟁을 벌이려면 엄청난 비용이 들어가기 때문에 자금을 마련해야 했지. 영국이 자금을 마련하기 위해 생각해 낸 방법은 미국으로 수출하는 물품에 비싼 세금을 붙여서 그 이익을 걷는 거야.

미국은 영국이 갑자기 비싼 세금을 붙인 물품들을 사라고 하니 화가 났어. 결국 미국과 영국은 전쟁을 벌이게 되었지. 전쟁이 터지자 영국은 대륙 봉쇄령을 내렸어. 그동안 신생 국가인 미국은 여러 가지 물자를 영국과 유럽에서 수입해 왔는데, 항구가 막히자 당장 필요한 물자를 공급받지 못하게 됐어. 무엇보다도 소금이 부족한 게 큰일이었지.

특히 전쟁에서 소금은 무척 중요해. 군사들이 먹을 음식은 물론 기병을 태우고 군수 물자를 실어 나르는 말들의 사료에도 필요하고, 의료용품으로도 절실하게 필요한 게 소금이니까 말이야. 소금의 중요성을 잘 알고 있던 영국군은 미국의 소금 창고와 제염소들을 파괴했어. 미국은 소금을 구하지 못해 큰 어려움을 겪어야 했지.

그래서 미국은 바닷물을 끓여 소금을 만드는 등 온갖 방법을 동원해서 국민들이 소금을 직접 만들 수 있도록 노력을 기울였어. 제염소를 다시 짓고 제염소에서 일하는 사람들에게 포상금까지 주며 소금 생산을 격려했지.

1775년부터 시작된 이 전쟁은 1783년 미국의 승리로 끝나면서 드디어 미국은 독립을 이루게 되었어. 힘겹게 독립을 얻은 미국은 소금의 중요성을 깨닫고 소금 생산에 더욱 힘썼단다.

미국 역사에서 소금이 중요한 역할을 한 사건이 또 있었어. 바

로 미국의 남북 전쟁이야.

 면화 재배가 주요 산업인 미국 남부에서는 흑인 노예들을 부리며 드넓은 면화 농장을 경영하고 있었어. 미국의 북부와 동부에서는 백인 노동자들이 많이 일하는 제조업과 산업이 중심이었지. 그래서 미국 남부는 노예제를 찬성했고, 북부는 노예제를 반대했어. 이 밖에도 남부와 북부는 경제적으로나 사회적으로 견해가 서로 너무나 달랐어. 그러다 보니 나라의 정책도 통일하지 못하고 제대로 결정하지 못한 채 갈팡질팡하다가 마침내 남부와 북부 사이에 전쟁이 일어난 거야.

 전쟁이 일어난 며칠 뒤 당시 미국의 16대 대통령이었던 링컨은 남부의 모든 항구를 막아 버리라는 명령을 내렸어. 그동안 남부에서는 항구를 거쳐서 생활필수품을 비롯한 여러 가지 물품들을 운송했어. 특히 영국에서 수많은 물품을 수입해 썼는데, 항구가 막히자 남부는 큰일이 났어. 무엇보

다 소금이 문제였어. 그 무렵 미국 북부에는 제염소가 많았지만 남부는 많은 양을 수입에 기대고 있었거든. 그나마 남부에 있던 소금 생산지마저 북군이 막아 버린 거야.

전쟁이 끝나기 한 해 전인 1864년, 북군이 버지니아 주의 소금 마을인 솔트 빌을 점령하자 남군의 사기는 완전히 꺾이고 말았어. 결국 1861년부터 시작된 미국의 남북 전쟁은 1865년 남부가 항복하면서 끝이 났지.

패배한 남군의 한 장교가 이런 말을 했대.

"우리는 소금 때문에 졌다."

소금은 미국 독립 전쟁에서처럼 전쟁을 일으키는 계기가 되기도 하고, 남북 전쟁에서처럼 전쟁의 승패를 가르는 역할도 한다는 것을 다시 한 번 확인하게 되는구나.

소금세와 프랑스 대혁명

소금이 필요해서 역사가 만들어지기도 했고, 소금이 부족해서 역사가 뒤집어지기도 했어. 그런데 프랑스에서는 소금에 붙은 세금 때문에 많은 사람들이 고통을 받다가 혁명에 나서게 되었단다.

1788년, 프랑스에 큰 흉년이 들어서 이듬해까지 농촌이든 도시든 먹을 것이 없었어. 굶주린 농민들은 영주의 성으로 쳐들어가 식량을 빼앗았어. 빵 배급이 끊긴 도시 사람들은 가게로 쳐들어가 빵과 곡식을 빼앗기도 했지. 식량 때문에 폭동이 일어난 거야.

"우리에게 빵을 달라!"

프랑스 시민들은 이렇게 외치며 거리로 뛰쳐나왔어.

그런데 그때 프랑스의 왕비였던 마리 앙투아네트가 시민들의 소식을 듣더니 이렇게 말했다고 해.

"빵이 없으면 과자를 먹으면 될 것을."

모두들 굶주리고 있는 마당에 세상 물정 모르는 왕비가 했다는 말이야. 정말 이런 말을 했는지는 확인되지 않았지만, 이런 얘기가 널리 퍼졌던 건

분명한 사실이야.

얼마 뒤 왕과 왕비는 분노한 시민들에 의해 교수대에서 처형당하고 말았지. 프랑스 혁명이 시작된 거야. 혁명이 일어나게 된 데에는 여러 가지 복잡한 원인들이 있는데, 그중 소금도 혁명이 일어나게 된 하나의 원인이었단다.

중세에 프랑스에서는 왕을 비롯해 소수의 귀족과 성직자들이 나라의 모든 권력과 부를 독차지하고 있었어. 그들은 시민과 농민들을 마구 부려먹으면서 터무니없이 무거운 세금을 거두어들여 자신들의 부를 늘려 갔지. 소금에도 비싼 세금을 붙여 가난한 사람들을 더 고통스럽게 했어.

루이 14세가 다스리던 1664년에는 왕이 정한 가격대로 모든 남성과 여성, 그리고 8세 이상의 어린이들까지도 일주일에 한 번씩 의무적으로 소금을 사야 하는 법을 만들었다는구나. 사람들은 소금이 필요 없어도, 돈이 없어도 많은 양의 소금을 사야 했어. 그렇게 하지 않으면 형벌을 받았으니까.

그 뒤로도 사람들은 비싼 소금세 때문에 계속 고통받아야 했어. 그래서

18세기 후반쯤에는 소금세를 안 낸다는 등의 이유로 해마다 3천 명이나 감옥에 갇히고 처형당했다고 해.

한편 루이 16세는 영국이 세력을 넓히려는 것을 막으려고 영국과 미국 사이에 벌어진 독립 전쟁에 군사를 보내 미국을 지원했어. 군사적으로 지원하려면 큰 자본이 들어가기 때문에 프랑스 경제는 그만 파산 상태에 빠지고 말았지.

그러자 프랑스의 지배 계층은 나라 재정을 마련하기 위해 소금을 비롯한 주요 품목에 세금을 더 많이 붙였어. 경제 위기의 대가를 국민들에게 모두 뒤집어씌운 거야.

게다가 프랑스 왕비인 마리 앙투아네트는 이루 말할 수 없을 정도로 사치가 심했어. 왕비가 사치를 위해 혼자 쓴 돈이 나라를 운영하는 데 쓴 것보다 더 많았다고 해. 그래서 사람들이 모였다 하면 서로 불만을 토해 내며 분노했지.

"도저히 이렇게는 못 살겠다!"

"그럼요, 이렇게는 못 살지요. 대다수 국민들이 몇 안 되는 권력가와 부자를 위해 비싼 세금을 바치느라 고통받는 나라가 무슨 나라란 말이오. 우리의 뜻을 행동으로 보여 줍시다."

이렇게 해서 1789년 프랑스 대혁명이 시작된 거야.

프랑스 혁명은 소금세가 직접적인 원인이 되어 일어난 것은 아니었어. 그러나 소금세 문제는 왕과 귀족들이 잘못된 정치를 하고 있다는 것을 똑똑히 드러내 주는 상징적인 예였지. 그래서 혁명이 일어나자 곧 소금에 붙었던 세금이 폐지되었고, 다음 해에는 소금세 때문에 감옥에 갇혔던 사람들도 모두 풀려났단다.

　프랑스는 프랑스 대혁명을 거치면서 왕과 소수의 귀족이 지배하는 계급 사회에서 시민이 중심이 되는 자유로운 민주주의 사회로 나아가게 되었어.

간디의 소금 행진

근대에 들어서 인도는 한때 영국의 식민지가 되어 독립을 잃고 자원을 착취당해야 했어. 그런데 영국은 소금에까지 높은 세금을 붙여서 인도 사람들에게 팔려고 했단다.

한편 인도에는 간디라고 하는 키 작고 깡마른 사람이 있었지. 어느 날, 간디는 비싼 소금값을 두고 인도 사람들이 불평하는 소리를 들었어.

"하다하다 이젠 소금에까지 비싼 세금을 붙이다니, 가난한 우리 인도 사람들은 모두 부황 걸려 죽으라는 거야? 대체 우리는 언제까지 영국에 계속 당하기만 해야 하는 거야?"

이 말에 모두들 영국을 욕하며 불을 지르자, 쳐들어가자, 폭탄을 터뜨리자 하며 분통을 터뜨렸지. 그때 간디가 말했어.

"그럼 비싼 소금을 사지 말고 우리가 직접 소금을 만들면 되겠군요."

사람들은 어리둥절해서 간디에게 물었어.

"어떻게 소금을 만들어요?"

간디는 싱긋 웃으며 대답했어.

"소금은 바닷물로 만들지요. 나는 당장 바다로 가서 소금을 만들겠습니다. 우리 인도는 오랜 옛날부터 소금을 자급해 왔습니다. 그런데 왜 영국인들은 우리에게 소금을 생산하지 못하게 하는 걸까요? 그리고 우리는 왜 영국인들이 파는 비싼 소금을 사 먹어야 합니까? 비싼 소금을 먹지 않으려면 우리가 직접 소금을 만들어야 합니다. 우리 인도 사람 모두가 그렇게 한다면, 영국인들이 어디다 그 비싼 소금을 팔겠습니까?"

그리고 1930년 3월, 간디는 바다를 향해 걸었어. 아무 말 없이 그저 걸었어. 그러자 그의 뒤로 한 사람 두 사람 따르기 시작했어. 어느덧 수많은 인도 사람들이 간디와 함께하는 길고 긴 행렬이 이어졌어.

간디가 앞장선 행렬은 드디어 바닷가에 도착했어. 그들은 거기서 바닷물을 모으고 증발시켜 한 줌씩 소금을 만들었지. 간디와 인도 사람들은 영국인들이 파는 비싼 소금이 아니라 자기들이 직접 만든 소금을 먹겠다는 의지를 나타낸 거야. 영국이 아무리 인도를 착취하려고 해도 인도 사람들은 절대 영국의 이익을 위해 살지 않겠다는 것을 보여 준 사건이었지. 이것이 그 유명한 간디의 '소금 행진' 이야기야.

간디는 소금을 직접 만들었을 뿐 아니라 물레를 돌려서 실을 자아 옷을 해 입으며 영국 상품 불매 운동을 벌였어. 간디는 영국의 침탈에 대항해 총칼을 들고 일어나거나 폭력을 쓰지 않았지. 이것이 간디와 인도 사람들이 독립을 위해 펼친 비폭력, 불복종 운동이었어.

이듬해 3월, 가혹한 소금세는 드디어 폐지되었단다. 인도의 비폭력, 불복종 운동이 거둔 빛나는 성과였어.

영국의 소금세

영국은 인도에서 가혹한 소금세를 붙였지만, 자기 나라에서는 이미 1825년에 소금세를 폐지했단다. 그 무렵 영국을 중심으로 산업 혁명이 일어나고 화학 공업이 발전하면서 소금을 이용해 여러 가지 물질을 만들어 낼 수 있다는 사실을 알아내자, 소금이 많이 필요해졌기 때문이야. 그런데 소금에 높은 세금이 붙어 있으면 공업용으로 쓸 소금을 충분히 확보하기가 어렵지. 그래서 영국은 새로운 화학 공업의 핵심 원료인 소금에 붙는 세금을 폐지해 산업을 발전시키기로 했어.

그러나 영국은 강제로 점령한 식민지 나라들에서는 소금세를 폐지하지 않았어. 소금을 장악하면 식민지를 자기들 마음대로 할 수 있다는 사실을 알았던 거야. 영국은 허가 없이 소금을 생산하거나 판매하는 것을 범죄로 규정했어. 그래서 인도인들은 영국이 지정한 상점에서 영국이 정한 비싼 값에 소금을 사야만 했단다.

산업 혁명과 소금

산업 혁명은 18세기 중반 영국에서 처음으로 일어났어. 오늘날과 같은 산업 사회가 영국에서 맨 처음 시작된 거야. 영국에서 시작된 산업 혁명은 곧 유럽과 미국으로 퍼져 나갔어.

영국에서 산업 혁명은 증기기관차와 방직 기계가 출현하면서 시작됐어. 걷거나 수레를 이용하던 시절은 가고, 석탄을 때서 움직이는 증기기관차가 수많은 사람과 물건을 싣고 빠르게 달렸지. 사람이 베틀로 짜던 직물은 방직 기계로 짧은 시간에 많은 양을 짜 내게 되었어. 사람 손으로 만들던 것을 기계가 대신했고, 집에 딸린 작업장에서 만들던 것을 큰 공장에서 만들기 시작했어. 이것을 1차 산업 혁명이라고 해.

2차 산업 혁명은 19세기 중반부터 시작했는데, 과학에 바탕을 둔 발견과 발명이 기술에 결합되면서 나타났어. 이즈음 전기와 통신, 물리학, 화학, 생물학, 의학과 같은 과학 분야가 급속히 발전했기 때문이야.

그런데 과학과 결합된 산업 혁명이 시작되자 소금의 가치가 새롭게 부각되었단다. 소금은 부엌에서만 쓰는 게 아니라는 사실을 발견한 거야. 화학의 발전에 힘입어 소금을 이용해서 여러 가지 화학 물질을 만들어 낼 수 있다는 사실을 알게 되자, 산업 현장에서는 많은 소금이 필요해졌어.

소금이 다양하게 변신할 수 있는 물질이라는 사실을 확인시켜 준 사람은 영국의 유명한 화학자 험프리 데이비란다.

험프리 데이비는 열여섯 살에 아버지가 돌아가신 뒤 가정 형편이 어려워지자, 약국에 들어가 약사의 조수로 일했어. 그러다가 데이비는 화학의 세계에 푹 빠져 버렸어. 약은 이런저런 물질 속에 들어 있는 약 성분을 뽑아내서 만드는데, 그것을 이해하려면 화학이라는 학문을 알아야 했어.

데이비는 화학을 더 공부하고 싶었지만 집안 형편이 어려운 탓에 학교에 다니지 못했어. 그래서 낮에는 약국에서 일하고 밤에는 혼자서 화학을 공부해야 했지. 하지만 데이비는 성격이 매우 밝아서 아무리 힘들어도 언제나 즐겁게 일하고 즐겁게 공부했단다.

어느 늦은 밤, 혼자 실험을 하던 데이비는 탄성을 질렀어.

"와우! 새로운 원소를 발견했다! 이 원소에는 '나트륨'이라는 이름을 붙여야겠어."

1807년의 일이었어. 데이비는 1800년에 볼타가 최초로 발명한 전지를 이용해서 실험에 성공한 거야. 볼타가 전지를 발명하기 전에는 전기를 한곳에 모아서 사용할 수 없었거든. 볼타가 발명한 전지 덕분에 데이비는 전기를 이용한 실험을 할 수 있었지.

데이비는 전기로 물질을 분해하는 실험을 했어. 250쌍의 전지를 이용한 전기 분해 실험에서 다른 원소와 결합되어 있는 나트륨을 순수한 원소 상태로 분리해 냈던 거야. 그 뒤로도 데이비는 마그네슘과 칼슘 등 새로운 원소를 7가지나 발견하는 성과를 거두었어.

이처럼 전기 분해를 통해 원소를 발견하면서 소금의 화학적인 실체도 밝혀졌단다. 소금은 나트륨과 염소가 주요하게 결합된 물질이라는 것을 알게 된 거야. 허연 소금에서 광택이 나는 금속 원소인 나트륨이나 칼륨이 얻어지는 것은 그야말로 놀라운 일이야.

전기 분해를 거쳐 발견된 원소들은 근대 화학 공업의 밑거름이 되었어. 특히 소금물을 전기 분해해서 뽑아낸 여러 가지 원소와 물질로 새로운 화학 산업에 필요한 다양한 원료를 확보할 수 있었지. 오늘날 소금은 유황, 석회암, 석탄, 석유와 더불어 화학 공업의 5대 원료 가운데 하나를 이루고 있단다.

우리나라 역사 속의 소금

우리나라 역사를 보면 삼국 시대에 이미 소금을 생산하고, 소금을 이용한 음식 문화도 발전했다는 사실을 확인할 수 있어. 옥저와 발해에서도 소금을 생산했지. 고려와 조선에서는 나라에서 소금 정책을 시행하기도 했고. 특히 조선 시대에는 나라가 위기에 빠질 때마다 소금을 생산했어. 소금이 나라 경제를 살리는 데 큰 보탬이 되었기 때문이란다.

고구려의 왕이 된 소금 장수

우리나라 역사는 삼국 시대부터 기록되었어. 고구려, 백제, 신라에서 각각 자기 나라의 역사를 문자로 기록했지. 그러나 아쉽게도 그 당시 역사 기록물들은 모두 전해 오지 않아서 오늘날 우리가 볼 수는 없어.

그래도 고려 시대까지는 삼국의 역사 자료가 꽤 남아 있었는데, 그것을 모아 엮은 것이 바로 『삼국사기』야. 그 책을 바탕으로 우리는 삼국 시대의 역사를 알 수 있지. 또한 삼국 시대에 소금을 본격적으로 생산하고 활발하게 판매했다는 것도 알 수 있어. 이 사실은 삼국 중에서 가장 먼저 나라를 세운 고구려의 역사에 기록되어 있단다.

고구려 시대에 압록강을 오르내리며 소금을 팔러 다니던 소금 장수가 있었어. 그 소금 장수의 이름은 을불이야. 훗날 고구려의 15대 왕이 된 미천왕이지.

을불의 아버지는 고구려 14대 봉상왕의 동생이었어. 그런데 의심 많은 봉상왕은 동생이 왕위를 넘본다며 동생을 죽이고 말았어. 을불은 아버지가 죽임을 당하자 겁이 나서 도망쳤어. 그 뒤 을불은 신분을 감추고 이리저리 떠돌았단다.

그러던 어느 날, 을불은 굶주리고 지친 나머지 그만 쓰러지고 말았어.

"젊은이, 정신이 좀 드는가?"

을불이 가까스로 눈을 떠 보니 얼굴이 검은 어떤 사나이가 걱정스러운 낯빛으로 자기를 들여다보고 있었어.

"자, 눈을 떴으면 이것부터 마시고 기운 좀 차리게."

검은 얼굴의 사나이는 맹물에 간장을 조금 타서 을불에게 천천히 마시게 했어. 그제야 정신을 차린 을불이 사나이에게 물었어.

"뉘십니까?"

"나? 압록강 소금 장수야."

그러고는 씩 웃는데 사람이 좋아 보였지. 그 사람은 압록강을 오르내리며 소금을 파는 장사꾼이었어. 마침 쓰러진 을불을 발견하고 자기 집으로 데려와 돌봐 준 거야.

"무슨 사연이 있는지는 모르겠지만, 이렇게 굶주린 채 돌아다니다간 오늘 죽을지 내일 죽을지 알 수 없네. 일은 힘들지만 나를 따라다니며 소금 장수 한번 해 보겠나?"

그런 인연으로 을불은 소금 장수가 되었어. 을불은 배에 소금을 싣고 압록강을 따라 오르내리며 고구려 땅 여기저기로 소금을 팔러 다녔지.

한편 봉상왕이 점점 난폭해지자, 희망을 잃은 고구려 백성들은 이웃 나라로 도망을 가기까지 했어. 그래서 그 무렵 고구려의 재상이었던 창조리는 포악한 봉상왕 대신 새로운 왕을 세우기로 작정했단다.

창조리는 왕위를 이을 만한 사람을 찾아보았어. 왕족인 을불이라면 왕위를 계승하는 데 문제가 없는 인물이라는 생각이 들었지. 그런데 을불이 어디서 무엇을 하는지 알 수가 없었어. 하지만 창조리는 갖은 우여곡절 끝에 을불을 찾아냈단다.

창조리는 드디어 봉상왕을 왕위에서 끌어내리고 을불을 왕위에 앉혔어. 을불이 새 왕에 오르자 모든 신하와 백성들은 크게 기뻐했지. 을불은 백성들과 함께 고생하며 평민으로 살았기 때문에 왕이 되어서도 가난한 백성들을 잘 살피는 왕이 되었단다.

이런 역사적인 사실을 바탕으로 우리는 먼 고구려 시대에 배를 타고 압록강을 오르내리며 소금을 팔았던 소금 장수들의 삶을 엿볼 수 있어. 고구려의 아낙들은 그 소금을 사다가 된장과 간장을 담갔겠지?

고구려는 영토를 넓히고 지키기 위해 많은 전쟁을 벌인 나라였어. 전쟁에는 많은 물자와 자금이 필요한데, 전쟁 물자 가운데 소금은 없어서는 안 되는 거잖아. 병사들이 먹는 음식에도 들어가고, 말들에게도 소금을 먹여야 했으니까. 그래서 고구려는 소금을 확보하려고 동해안의 옥저를 정복하기도 했단다. 고구려에 정복당한 옥저 사람들은 고구려의 도읍까지 천 리 길을 걸어 소금을 실어 날랐다고 해.

불고기의 원조, 고구려의 맥적

고구려에서는 가을걷이를 끝내고 겨울이 올 무렵 사냥을 했어. 추운 겨울을 나려면 짐승의 가죽과 털을 마련하고 고기를 저장해 두어야 하니까. 고구려 사람들은 사냥해서 잡은 짐승의 가죽과 털은 추위를 막는 방한용품으로 쓰고, 고기는 고구려 방식으로 요리했어.

특히 고구려에서는 '맥적'이라는 고기 요리가 유명했단다. 맥적은 사슴이나 돼지 고기의 살을 잘 저며서 간장을 발라 숯불에 구운 음식이었어. 맥적은 오늘날 우리나라를 대표하는 음식 가운데 하나인 불고기의 원조라고 할 수 있지.

고구려 사람들은 긴장과 된장 같은 발효 식품을 잘 만들었다고 해. 장을 담으려면 콩과 소금이 필요한데, 콩의 원산지가 바로 고구려의 활동 무대였던 만주 일대란다. 콩이 나고, 을불 같은 소금 장수가 강을 타고 소금을 실어 나르던 고구려 땅 만주에서 된장과 간장이 만들어진 건 당연한 일이지. 그런데 고구려가 멸망하고 나서 고구려 유민들이 주축이 되어 세운 발해도 된장으로 유명했대. 그래서 중국 사람들은 된장 냄새를 '고구려의 냄새'라고 했다는구나.

도둑들을 모아 만든 백제의 소금

백제는 고구려를 세운 주몽의 셋째 아들로 알려진 온조가 세운 나라야. 원래 온조는 형제인 비류와 함께 고구려를 떠났는데, 비류는 인천 지역에 도읍을 세웠고 온조는 한강 남쪽에 위치한 위례성에 도읍을 세웠지. 그런데 비류가 도읍한 인천 지역은 땅이 짜서 농사짓기가 어려워 백성들이 살기에 좋지 않았어. 비류는 후회하다가 먼저 세상을 떠나고 말았지. 왕을 잃은 비류의 신하와 백성은 위례성에 있는 온조에게로 갔어.

온조는 인천 지역에서 농사보다는 소금을 생산하게 했어. 이렇게 하여 인천 일대에서 만들어진 소금은 배에 실려 한강을 따라 내륙으로 갔어. 남한강은 내륙 깊숙이까지 이어져 있기 때문에 내륙에서 부족한 소금을 유통시키기에 좋았거든. 소금이 실려 가는 뱃길을 따라 백제의 영역은 중부 내륙 지방까지 넓혀졌어. 백제는 점점 더 세력이 커졌지.

우리나라에서 소금 만들기에 좋은 조건을 갖춘 서해안은 삼국 시대 때 백제의 영토였어. 소금은 백제 때부터 서해안에서 만들어졌는데, 그 사연이 지금까지 전해지고 있단다. 사람들에게 소금 만드는 법을 가르쳐 준 검단 선사라는 스님의 이야기야.

검단 선사는 당나라에서 유학을 하고 백제로 돌아와 지금의 전라북도 고창에 선운사를 창건했어. 그런데 그 무렵 서해안에는 도둑이 많았다고 해. 검단 선사는 바다를 바라보며 생각했어.

'백성들이 먹고살 길이 없어서 어쩔 수 없이 도둑이 되었겠지. 그러면서도 마찬가지로 먹고살기 힘든 백성들의 것을 도둑질하는구나. 백성들이 도둑질을 하지 않고도 먹고살 수 있는 방법이 없을까?'

검단 선사는 바닷가를 이리저리 거닐며 생각에 생각을 거듭하다가 문득 발걸음을 멈추었어.

'저 바닷물로 소금을 만들게 하면 어떨까? 그렇게 하면 농사지을 비싼 땅을 사거나 빌리지 않아도 농사짓는 것 이상으로 수입이 생길 거야.'

그리하여 검단 선사는 도둑들을 불러 모았단다.

"여러분, 도둑질은 이제 그만두시오. 내가 돈 벌 수 있는 방법을 가르쳐 주겠소. 여러분은 이제 저 바다에서 돈을 긁어모으면 됩니다."

도둑들은 무슨 소린가 싶어 술렁거렸어. 검단 선사는 곧 이렇게 말했지.

"소금을 만드는 거요. 내가 소금 만드는 방법을 가르쳐 줄 테니 소금을 만드시오."

"아니, 바다에서 돈을 긁어모으라더니, 무슨 소금을 만들라는 겁니까?"

"바닷물을 가두어 물을 증발시킨 뒤, 그 물을 가마솥에 붓고 끓이면 소금을 만들 수 있소. 그렇게 만든 소금은 돈으로 바꿀 수 있소. 그러니 소금을 긁어모으기만 하면 그만큼 돈이 생기는 것 아니오. 일단 소금을 만들어 봅시다."

검단 선사는 소금을 만드는 데 필요한 여러 가지 시설과 도구도 마련해 주었어. 그리고 도둑들에게 이렇게 당부했지.

"앞으로는 도둑질하지 말고 성실하게 소금을 만들어요. 소금을 팔면 돈

을 벌 수 있소. 단, 그렇게 해서 번 돈 가운데 일부만 떼어 절에 바치시오."

도둑들은 검단 선사가 가르쳐 준 대로 소금을 만들어 팔았어. 그런데 도둑들은 돈을 벌수록 욕심이 많아져서 절에는 아무것도 바치지 않았어.

검단 선사는 도둑들이 괘씸해서 소금을 편리하게 만들 수 있는 시설을 모조리 없애 버렸어. 그 뒤로 도둑들은 힘들게 소금밭을 갈아서 소금을 만들어야 했지. 힘든 노동에 지친 도둑들은 그제야 자기들의 잘못을 뉘우쳤다고 해.

검단 선사는 실제로 6세기에 살았던 백제의 스님이야. 검단 선사 덕분에 서해안에서는 지금도 질 좋은 천연 소금을 생산하고 있단다.

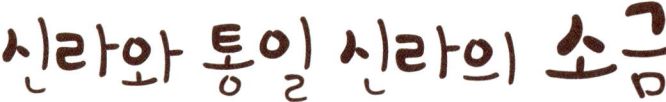

신라와 통일 신라의 소금

삼국 시대 신라에서도 소금 생산이 활발했을 거야. 소금 생산과 관련한 직접적인 기록은 없지만, 소금을 언급한 기록은 적지 않거든.

3세기 신라 내해왕의 아들인 석우로가 왜국(일본)의 사신을 접대하면서 이렇게 조롱하는 말을 했다고 해.

"곧 너희 왕을 소금 만드는 노예로 삼고, 너희 왕비는 밥 짓는 여인으로 만들겠다."

이 말을 전해 들은 왜왕은 분노하여 곧장 신라로 쳐들어왔다는구나. 석우로가 외교적으로 몹시 무례한 말실수를 하는 바람에 왜국의 침략을 받게 된 거지. 매우 유감스러운 역사지만, 우리는 『삼국사기』에 실린 일화를 통해 신라에서도 소금을 생산했다는 사실을 알 수 있어.

신라는 삼국을 아우르며 통일 신라를 세웠어. 『삼국유사』에도 통일 신라 시기의 소금과 관련된 기록이 하나 있구나. 992년 경주에 있는 중생사라는 절의 주지가 향을 살 비용이 없어 걱정하자, 김해 지역 사람이 쌀 여섯 섬

과 소금 넉 섬을 싣고 와 시주했다는 내용이야. 그 시대에 쌀과 소금은 화폐나 마찬가지였으니, 아주 큰 시주였던 셈이지. 이는 김해가 낙동강 하구의 큰 소금 생산지였기 때문에 가능한 일이었어.

그런데 통일 신라 시대의 지방 이름에 소금과 관련된 곳이 있어서 눈길을 끌어. 염해현이라는 곳인데, '소금 바다 마을'이라는 뜻이지. 이름만 들어도 소금을 생산하던 곳이라는 것을 알 수 있어. 이곳은 지금의 전라남도 신안군에 있는 임자도라는 섬이야. 원래는 백제 땅이었지만, 신라가 삼국을 통일하자 신라의 재상들이 차지해 그곳에서 말을 기르고 소금을 굽게 했다고 해. 지금도 이곳은 천일염 생산지로 각광받고 있단다.

신문왕의 청혼 예물

683년 봄, 신라의 31대 임금인 신문왕이 혼인을 하게 되었어. 왕비가 될 여인은 내물왕의 후손인 훌륭한 집안의 딸이었지. 왕은 그 집안에 혼인을 청하는 의례로 여러 가지 예물을 보냈어. 그중에 음식으로 보낸 예물만 135수레나 되었다는구나. 품목은 쌀, 술, 기름, 꿀, 간장, 된장, 말린 고기, 젓갈 따위였대. 이 이야기는 『삼국사기』에 기록되어 있단다.

이 음식 예물에는 음식의 가장 기본적인 재료가 되는 것들이 들어 있어. 그중에 소금이 중요한 재료로 들어간 간장과 된장, 그리고 젓갈이 포함되어 있지. 신라에서 콩과 소금으로 만든 된장을 먹은 것으로 보아 신라 시대에도 소금을 생산했다는 사실을 알 수 있어. 또한 그때 이미 소금을 활용한 간장, 된장 같은 장류와 젓갈류를 발전시켰다는 사실도 알 수 있단다.

동해의 북쪽 끝, 옥저와 발해에서 구운 소금

우리나라 동해 바닷가를 위로 쭉 거슬러 올라가 볼까? 두만강 하류를 건너 조금만 더 가면 러시아 연해주의 포시에트 만에 다다르게 돼. 포시에트 만은 겨울이면 바다가 얼어붙을 정도로 춥지만, 풍광은 매우 아름다운 곳이야. 포시에트 만 안쪽에는 크라스키노라는 곳이 있는데, 그곳에 발해의 옛 성터가 남아 있단다.

크라스키노는 발해 때 염주(鹽州)라고 불렸어. 염주라는 지명에는 소금 '염(鹽)' 자가 들어 있지. '주(州)'는 원주, 충주처럼 지역에 붙는 명칭이야. 지명에 소금이라는 글자가 들어간 것으로 미루어 이곳이 소금 생산지였다는 걸 바로 알 수 있어.

발해는 다섯 군데에 도읍을 두었어. 염주는 그중에서 동쪽 도읍인 동경 용원부에 속해 있었어. 염주는 약 10년 동안 발해의 중심 도읍이기도 했단다. 소금과 해산물이 풍부하고 일본과 교역하는 항구 역할도 할 수 있는 곳이어서 도읍을 이곳으로 옮겼던 것 같아.

발해는 신라가 고구려와 백제를 통합하여 세운 통일 신라와 비슷한 시기

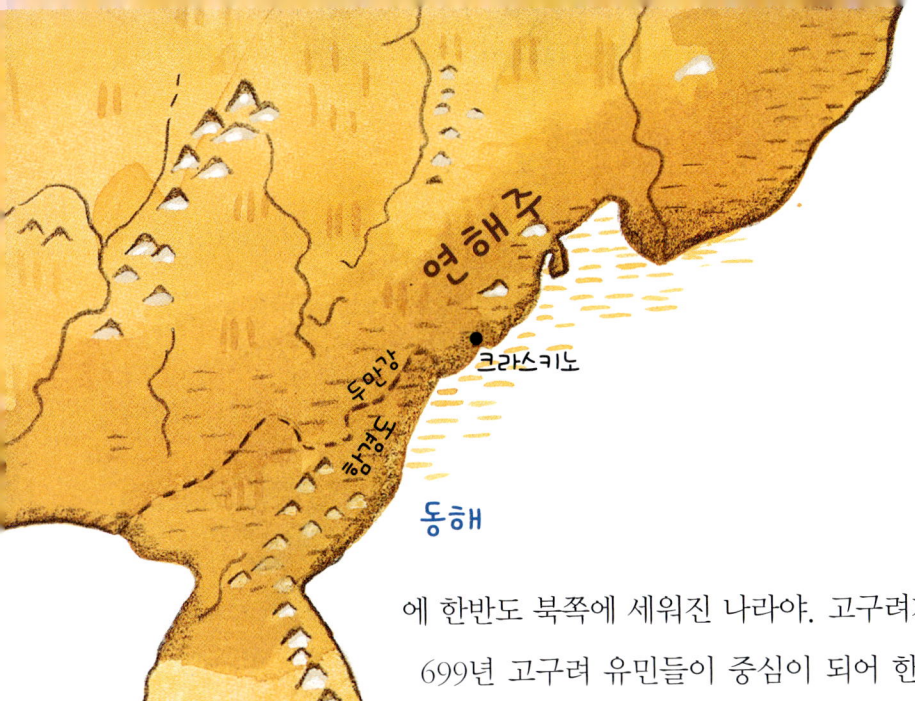

에 한반도 북쪽에 세워진 나라야. 고구려가 멸망한 뒤 699년 고구려 유민들이 중심이 되어 한반도의 동북쪽에 살던 말갈족 등 여러 부족 집단을 모아서 세운 다민족 국가였던 셈이지.

발해의 옛 성터에서는 발해 시대의 절터를 비롯해 온돌 유적이 발견되었어. 온돌은 지혜로운 고구려 사람들이 개발한 우리 민족 고유의 난방 시설이야. 발해의 온돌 유적을 통해 발해가 고구려 유민들이 주축이 되어 발전시킨 나라라는 것을 잘 알 수 있지.

한편 발해의 염주는 옥저와 고구려의 영역이었어. 함경도 지역과 두만강 부근에 자리했던 작은 나라 옥저는 소금 생산지였지. 그래서 고구려는 소금을 확보하기 위해 옥저를 정복했어. 그렇게 이 지역은 고구려의 영역이 되었다가, 고구려가 신라에 의해 통합되자 신라에 굴복하지 않은 고구려 유민들이 따로 발해를 세운 곳이야.

발해의 염주는 함경도에서 두만강만 넘으면 되는 아주 가까운 곳이야.

이곳은 연해주라고도 불러. 우리 민족은 두만강 건너 연해주를 남의 땅이라고 생각하지 않았어. 옥저와 고구려와 발해의 땅이기도 했으니까. 살기 어려우면 훌쩍 두만강을 건너가 연해주에서 살기도 했지. 1860년대 이전부터 조선 사람들이 그곳에 가서 정착해 살았다는 기록도 남아 있어. 연해주에 이주한 조선 사람들도 바닷물을 끓여 소금을 생산했다고 해. 지금도 그곳에는 조선 사람들의 후손들이 살고 있단다.

현재 우리 민족은 남북으로 분단되어 서로 교류하지 않고 있어. 그래서 우리는 한반도 북쪽의 역사인 옥저·고구려·발해의 역사와 문화를 접하기가 어려워. 그러다 보니 우리 역사에서 조금씩 잊혀 가는 것 같아 안타까워. 그러나 분명히 우리 민족이 활동하고 일군 문화와 역사가 있는데, 우리가 모르면 안 되겠지? 이렇게 소금의 역사를 통해 북쪽에서 활약한 우리 민족의 역사를 기억하는 것도 의미 있는 일일 거야.

고려의 '의로운 소금 창고'

소금은 사람들에게 꼭 필요한 것이기 때문에 언제나 팔리고 언제나 일정한 이익을 남겨. 더욱이 어느 한곳이 소금을 관리하고 판매하는 일을 독차지하면 더 큰 이익이 보장되지. 따라서 소금 판매를 국가에서 독점해 소금 사업을 하면 거기에서 생기는 이익이 모두 나라의 자금이 될 수 있어.

그래서 고려 시대에는 소금 전매 제도를 시행하여 나라 살림에 쓸 비용을 안정적으로 마련하려고 했어. 고려를 세운 태조 왕건 때부터 '도염원'이라는 관청을 세워 나라에서 소금을 관리했단다.

그런데 고려 중기부터 문제가 생겼어. 귀족과 권세가들이 권력을 이용해 사사롭게 소금 사업을 벌여 소금에서 나오는 이익을 죄다 가져가는 바람에 나라 살림이 궁핍해진 거야. 더욱이 고려 말기에는 원나라의 침략을 받은 데다 원나라에 여러 가지 공물을 보내야 했기 때문에 나라 살림은 더더욱 어려워졌어.

그전까지만 해도 궁중에서 행사가 있으면 잔치 음식으로 귀한 유밀과도 만들고 금실로 수놓은 꽃도 만드는 등 매우 사치스럽게 행사를 준비했대.

그런데 고려 말기에 충선왕이 왕위에 오르고 난 뒤에는 이렇게 말하며 그런 일들을 못하게 했단다.

"나라가 어려운데 이렇게 호사스럽게 잔치를 치를 필요가 있는가. 몸소 절약하는 모습을 보여야 백성들도 함께 어려움을 이겨 나가지 않겠나."

그 무렵 고려는 몽골이 세운 원나라의 간섭을 받고 있어서 나라 경제가 엉망이었고 백성들의 생활도 몹시 어려웠단다. 그래서 충선왕은 나라 경제를 살릴 수 있는 정책을 시행했어. 그중에는 소금법을 제정해 소금세를 걷는다는 개혁 내용도 들어 있었지.

그때까지는 주로 왕실과 관련 있는 기관이나 권세가들이 염전을 소유하고 소금을 팔았어. 권력을 쥔 몇몇 사람들만 엄청난 이익을 챙긴 거야. 그런데 이제는 새로운 개혁 정책에 따라 소금과 관련한 모든 일을 나라에서 맡아 하고, 거기에서 나오는 이익도 몇몇 개인이 아닌 나라 전체를 위해 쓰겠다고 했어.

충선왕은 그런 의지를 담아 소금을 저장하고 배급하는 일을 담당할 기관의 이름을 '의로운 소금 창고'라는 뜻에서 '의염창'이라고 붙였어. 백성들은 의염창으로 가서 싼값에 소금을 살 수 있게 되었어. 이것이 고려 시대에 우리나라 최초로 시행된 소금 전매 제도란다.

고려 시대의 김치

우리나라의 대표 음식인 김치는 삼국 시대부터 담가 먹었던 것으로 추정하고 있어. 하지만 삼국 시대에는 김치와 관련된 기록이 없어서 잘 알 수가 없어. 그런데 삼국 시대와 가까운 고려 시대에는 김치에 관련된 기록이 있단다.

장아찌로 담으면 여름에 먹기 좋고,
소금에 절이면 겨울 내내 반찬 되네.

고려 시대의 문장가 이규보가 쓴 「가포육영」이라는 시 중에서 무에 대해 읊은 구절이야. 이 시를 통해 천 년 전의 밥상에 무로 만든 김치가 올랐다는 사실을 알 수 있어. 여름에는 장에 담가 짭짤하게 만든 무장아찌를 먹고, 겨울에는 소금에 절여 담가 둔 무김치를 먹었던 거지.

고려 시대의 다른 시에는 또 다른 종류의 김치를 엿볼 수 있는 대목이 나와. 고려 후기의 유학자 이달충이 쓴 「산촌잡영」이라는 시에 산골에서 먹는 김치를 묘사한 구절이 있어.

소금에 절인 여뀌에 마름도 섞여 있네.

산골 마을에서는 배추나 무 같은 좋은 채소가 없어서 여뀌라는 야생풀에 물풀인 마름을 섞어 소금에 절여 먹었다는 거야. 지금은 여뀌를 야생풀로 취급해 먹지 않지만, 옛날에는 자주 먹는 식물이었어.

앞의 시구절에 나오는 절인 무와 절인 여뀌는 지금 우리가 먹는 김치의 조상이라고 생각하면 돼. 고려 시대의 김치는 무를 비롯한 여러 가지 채소와 야생풀을 소금에 절이고, 여기에 마늘이나 생강 따위를 넣었던 것으로 추정하고 있어. 지금의 백김치나 동치미 같은 것이었을 거야.

요즘에 먹는 김치는 대개 고춧가루에 벌겋게 버무려져 있지만, 조선 시대 전기까지 우리 민족이 먹어 온 김치에는 원래 고춧가루가 들어가지 않았단다. 고추의 원산지는 머나먼 남아메리카야. 콜럼버스가 아메리카 대륙을 발견한 뒤 유럽 사람들은 이전까지 보지 못한 신기한 물품들을 유럽으로 가져왔는데, 그중에 고추가 있었어. 우리나라에는 임진왜란 때 고추가 들어왔다고 해.

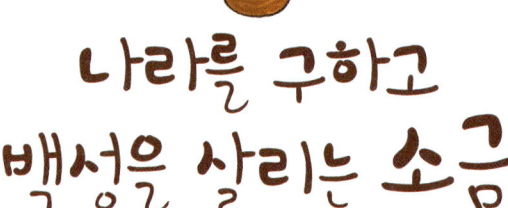

나라를 구하고 백성을 살리는 소금

조선 시대 초기에는 고려 때 실시한 소금 전매 제도를 유지하기로 했어. 그런데 전매 제도를 시행해 보니 소금값이 오르는 등 문제가 생겼어. 그래서 그 뒤로는 전매 제도를 거의 시행하지 않았단다.

대신 소금에 세금을 붙이기로 했어. 하지만 또 문제가 생기고 말았지. 소금세를 왕실이나 일부 권세가들이 거둬서 차지해 버리는 거야. 그래서 나라 경제가 크게 어려워질 때면, 몇몇 권세가가 차지하던 소금세를 이제는 나라에서 거둬 어려운 나라 살림을 살리는 데 써야 한다는 주장이 나오곤 했어. 결국 조선 후기에는 소금세 정책이 바뀌어 나라에서 직접 세금을 거두어 관리하게 되었지.

소금은 사람이 살아가는 데 반드시 필요한 것이라 사람들은 늘 소금을 사야 해. 그래서 소금은 만들기만 하면 언제라도 돈이 될 수 있는 물품이었지.

고대부터 동양에는 "나라 살림을 넉넉하게 하고 백성의 삶을 구제하는 길은 소금을 굽는 것이 으뜸"이라는 말이 있었단다. 우리나라에서도 전통적으로 나라 경제에 위기가 닥치면 먼저 소금을 만들려고 했어.

임진왜란 중에도 마찬가지였지. 임진왜란은 조선이 맞이한 최대의 위기였어. 조선은 몇 년씩이나 왜와 전쟁을 치러야 했어. 왜군의 침략과 약탈로 농토와 가옥이 파괴되고 수많은 백성이 죽었지.

그 무렵에 나라를 다스리던 임금 선조는 신하들을 지방으로 보내 전쟁의 실상이 어떤지 살펴보고 오게 했단다. 유성룡이 선조의 명을 받고 피해가 많은 충청도 지방을 살펴보게 되었어. 유성룡은 임진왜란 때 조선 군대의 최고 책임자인 병조 판서를 맡고, 이어서 영의정이 되었던 사람이야. 유성룡은 곳곳에서 많은 백성이 죽고, 논밭은 버려져 쑥대만 무성하고, 굶주림에 지쳐 누렇게 뜬 얼굴로 떠돌아다니는 사람들을 수없이 목격했단다.

유성룡은 어떻게 하면 굶어 죽어 가는 백성들을 살릴 수 있을까 고민했어.

'소금이 백성을 살릴 수 있을 거야. 소금이란 곡식처럼 사람에게 하루라도 없으면 안 되는 물품이 아닌가?

예부터 나라를 부유하게 만들고 백성을 구할 수 있는 방책으로 맨 먼저 할 수 있는 일은 바닷물을 끓여 소금을 만드는 것이었어. 바다가 있으니 소금은 얼마든지 만들 수 있다. 소금을 만들어 백성을 구제하자.'

유성룡은 이러한 의견을 적어 임금에게 올렸단다.

소금은 이처럼 나라가 곤궁해졌을 때 집중적으로 생산해서 나라에 필요한 비용을 급히 마련하는 데 매우 유용했다는 것을 알 수 있어.

유성룡이 임진왜란 때 한 일 중에서 가장 훌륭한 일은 무엇보다도 이순신을 등용한 일일 거야.

이순신은 임진왜란 때 거북선을 제작하고 삼도 수군 통제사로 전투를 지휘했어. 그러면서 군대에 필요한 모든 자금을 자체적으로 해결하기까지 했단다. 예부터 군대는 군이 소유한 농지를 경영해 병사들의 식량을 조달해 왔어. 그런데 이순신은 그 밖에도 생선을 잡고 미역을 따는 일, 그리고 소금을 만들어 파는 일까지 경영했던 거야.

이순신이 전쟁 기간 동안 쓴 『난중일기』를 보면 임진왜란이 전개된 과정과 전술뿐만 아니라 이순신 장군 개인의 생각과 심정까지 상세하게 기록되어 있어. 그중에는 소금과 관련한 내용도 꽤 있단다.

1595년 5월 일기에는 소금 굽는 가마솥을 만들었다는 기록이 세 번이나 나와. 1596년 2월 11일 자 일기를 보면 "보성의 군량 보급 책임자가 소금 50섬을 실어 갔다."는 기록이 있어. 1597년 10월 20일 자 일기에는 "소음도 등 13군데 섬에 염전 감독관을 정해 보냈다."는 기록도 있고.

임진왜란 때 이순신이 군수용 자금을 마련하기 위해 소금을 구운 곳은

'염포(鹽浦)'라고 불렀다고 해. 물론 지금은 다른 지명으로 바뀌었지. 염포는 지금의 경상남도 통영시 한산면 대고포 마을이야. 한산도 인근에는 임진왜란과 관련된 지명이 많아. 군영에 필요한 숯을 굽고 연료를 만들던 곳은 '숯덩이골', 수많은 군복을 빨아 널었던 바닷가 바위는 '옷바위'라고 했단다.

   임진왜란이라는 큰 전쟁을 치르는 와중에도 전쟁에 필요한 자금을 마련하기 위해 소금을 만들어 판 것을 보면, 소금은 정말 '하얀 금'이라고 불릴 만하지?

일본에 빼앗긴 소금

원래 우리나라에서는 전통적으로 소금을 바닷물을 끓여서 만들었어. 백제 시대의 검단 선사가 도둑들에게 가르쳐 준 것도 바닷물을 끓여서 만드는 방식이었지. 우리나라는 조선 시대까지 같은 방식으로 소금을 만들었어.

그런데 바닷물을 끓여 소금을 만드는 방식은 힘도 많이 들고 돈도 많이 들어. 짠물을 끓여서 소금을 만들려면 오랜 시간 불을 때야 하기 때문에 땔감이 엄청나게 많이 들어가. 그래서 소금 굽는 마을 주변에 있는 산은 금세 민둥산이 되어 버리곤 했지. 땔감을 구하려고 더 멀리까지 가거나 먼 곳에서 땔감을 사 와야 하니 더 힘들고 부담이 컸어.

오늘날 우리나라에서 만들어지는 대표적인 소금은 천일염이야. 천일염은 바닷물을 가두어 바람과 햇볕에 말려서 만드는 소금이란다. 천일염은 드넓은 갯벌을 갈아 소금밭을 만들고 거기에 바닷물을 가둔 뒤 물을 증발시켜서 만들어. 그래서 불을 때서 소금을 굽는 것보다 연료도 훨씬 적게 들고 소금도 더 많이 생산할 수 있지.

우리나라에서 천일염을 생산한 것은 사실 100여 년밖에 안 돼. 1907년 인천 주안에 처음으로 천일염을 생산하는 대규모 염전이 만들어졌거든. 그 전까지는 바닷물을 끓여 소금을 만드는 게 보통이었어.

우리나라에 처음 천일염전이 만들어지게 된 것은 우리의 안타까운 근대 역사와 관련이 있어. 우리나라에 처음 천일염전을 만든 것은 일본이었단다. 그런데 우리나라에서 소금을 생산하기가 어려워지니까 일본이 도우려고 천일염전을 만들었을까? 물론 아니지.

근대로 접어들면서 일본은 우리나라를 비롯한 동남아시아 국가를 호시탐탐 노리며 강제로 점령할 준비를 하고 있었어. 주변의 힘없는 나라를 침략해 식민지로 만들어서 이익을 얻으려고 한 거지.

그 무렵 청나라와 러시아는 일본이 아시아에서 세력을 넓혀 자기들 나라를 위협할까 봐 일본을 경계하고 있었어. 특히 어느 나라가 우리나라를 먼저 차지하느냐가 아시아 전체를 차지하는 과정에서 중요했지. 그래서 일본은 두 나라와 각각 전쟁을 벌였어. 그런데 일본은 1894년 청나라와 벌인 전쟁에 이겨서 많은 전쟁 배상금을 받게 됐어. 1904년에는 러시아와 전쟁을 벌여 승리한 덕분에 우리나라를 간섭할 수 있는 우선권을 거머쥐었지.

일본은 전쟁 배상금을 제국주의를 확장하는 데 투자했어. 일본이 아시아를 식민지로 삼고 서양과 대결하기 위해서는 많은 자본과 물자가 필요했기 때문이야. 소금도 중요한 물자 가운데 하나였어. 그래서 일본은 오로지 자기들에게 필요한 소금을 확보하기 위해 우리나라 해안에 대규모로 천일염전을 만들기 시작했던 거야. 일본의 기후는 습기가 많아 천일염전에서 소금을 만들기가 어려웠거든.

일본은 무엇보다 전쟁에 쓸 무기를 만드는 군수 산업을 키우려고 했어. 그러려면 무기를 만드는 데 들어가는 화학 원료의 생산을 늘려야 했지. 소금은 무기 화학 공업에 꼭 필요한 원료야. 그래서 일본은 소금을 생산하기에 좋은 조건을 갖춘 우리나라에 천일염전을 만들어 장차 화학 산업에 필요한 원료를 조달하려고 했던 거란다.

그런데 일본의 이런 속셈을 알아차리지 못하고 일본이 우리나라를 강제로 점령했던 시기에 우리나라의 근대적인 산업이 발전했다고 말하는 사람들이 간혹 있단다. 그러나 일본은 우리나라의 자원을 더 많이 빼앗아 가기 위해 근대적인 산업의 기초를 마련했던 것뿐이야. 영국이 인도를 식민지로 만들면서 인도 사람들에게 소금을 비싸게 팔아 착취했다면, 일본은 자기들 필요에 따라 우리나라에 염전을 만들어 맘껏 퍼 갔던 거란다.

전국으로 이어진 소금길

옛날에 소금가마를 지고 지리산을 넘던 소금 장수가 계곡물을 건너다가 미끄러져 물에 빠졌대. 그 바람에 계곡물이 간장처럼 짠물로 변했다는구나. 이것은 지리산 뱀사골이라는 골짜기에 있는 '간장소'에 얽힌 이야기야. '소'는 계곡물이 못처럼 모였다가 흐르는 곳을 말해. 예전에 소금 장수들은 그렇게 높은 산과 깊은 골짜기를 넘나들며 소금을 팔았단다.

옛날이든 지금이든, 사람이 사는 곳이면 어디서나 소금이 꼭 필요해. 옛날에 교통이 발달하지 않아 가기 힘든 곳이라도 산 넘고 물 건너 방방곡곡 소금이 가지 않는 곳이 없었지. 그래서 우리나라에도 수많은 소금길이 있었단다. 소금길은 전국 각지로 이어져 있었어. 지금도 소금길과 관련한 지명이 여러 곳에 남아 있고, 소금길과 관련한 이야기들도 전해지고 있어.

지리산에는 간장소 말고도 소금길이라는 명칭이 붙은 곳이 있단다. 남쪽 바닷가에서 생산된 소금이 섬진강을 타고 올라와 소금 장수들의 지게에 실려 높은 지리산까지 올랐던 거야. 소금 장수는 지리산 벽소령을 넘어 이 골짝 저 골짝 산골로 소금을 팔러 다녔어. 그래서 이 길을 '지리산 소금길'이

> **소금 고갯길**
>
> 충청북도 청원군 문의면과 보은군 회남면을 잇는 '염티재'라는 고개가 있어. 염티재는 '소금 고개'라는 뜻의 한자어란다. 염티재는 소금 장수들이 금강을 따라 올라온 서해안의 소금을 지고 넘던 고개였어. 이 소금 고갯길로 경상도 상주까지 소금과 생선을 실어 날랐다고 해. 강원도 정선에도 산나물이나 약초를 지고 며칠씩 걸려 동해안으로 간 뒤 그것을 소금과 교환해 돌아오던 소금 고갯길이 있단다.

라고 부르게 되었지. 소금 장수들은 벽소령 고갯마루에 잠시 짐을 내려놓고 쉬었는데, 이곳은 '소금 고개'라고 불린단다.

소금은 수레나 말이나 지게에 실어 운반하기도 했지만 배에 실어 강을 이용해 운반하기도 했어. 고구려의 미천왕도 소금 장수 시절 압록강에서 배를 타고 소금을 팔러 다녔잖니.

옛날 우리나라에서는 바닷가에서 만든 소금을 내륙 안쪽으로 운반할 때 강을 이용했어. 강을 오르내리는 배에 소금 짐을 실으면 깊은 내륙으로 쉽게 들어갈 수 있으니까. 특히 서해안의 염전과 가까이 있는 강들은 대체로 소금을 나르는 소금길 구실을 했어. 강변의 포구마다 소금이 부려지면 소금 장수들은 그것을 싣고 더 깊은 마을로 팔러 다녔단다.

그러면 서울까지는 소금을 어떻게 운반했을까?

서해안의 소금을 실은 소금 배는 한강 하구에서 한강을 타고 올라가 먼저 마포나루에 닻을 내려. 그러면 마포나루는 짠내와 비린내와 장사꾼들이 떠드는 소리가 어우러져 질펀해졌겠지. 서해안에서 잡혀 온 생선들은 그 자리에서 소금에 절여지고, 새우도 소금에 절여져 새우젓이 되었어.

마포는 오랜 세월 서울과 중부 내륙 지역으로 소금을 공급하던 포구야. 서해안에서 온 소금 배는 이곳에 닻을 내리고 소금을 부렸어. 그 소금의 절반은 서울로 들어가는데, 우선 마포나루에서 가까운 소금 창고로 보내졌단다. 그리고 나머지 절반의 소금은 작은 배로 옮겨져 춘천, 원주, 화천, 충주 등 한강 상류 지방으로 올라갔어. 인천에서 마포로, 그리고 경기도와 강원도까지 이어지며 도도히 흐르는 한강과 한강의 지류는 강을 타고 가는 소금길이었던 거야.

서해안 소금은 한강 말고도 서해안부터 이어진 강들을 거쳐 육지 깊숙이 들어갔어. 충청도에서는 금강을 따라 올라가는 배에 소금이 실렸지. 경상남도와 전라남도는 섬진강으로, 경상도는 낙동강으로 소금 배가 다녔어.

낙동강 하구에서 생산한 소금은 소금 배가 강을 따라 실어 날랐어. 낙동강 소금 배는 경상북도 상주까지 올라갔다고 해. 낙동강 소금 배는 주로 봄과 가을에 다녔단다. 봄엔 된장과 간장을 담그는 3월과 4월에, 가을엔 김장을 담그는 10월과 11월에 다녔지.
소금과 우리 음식 문화가 크게 한판 만나는 때였던 거야.

현대 이전까지는 이런 소금길을 거쳐서 우리나라 구석구석까지 소금이 배달되었어. 그리고 산으로 강으로 이어진 소금길은 우리 민속 문화를 만드는 밑바탕이 되기도 했단다.

전국에는 규모가 큰 시장들이 있는데, 많은 소금을 사고파는 소금 장수들은 그런 큰 시장으로 몰려갔지. 큰 시장이 서면 온갖 물품이 그곳으로 모이잖아. 해안 지방에서 온 생선과 소금, 육지에서 온 곡식 등을 사고파는 큰 장에는 물건을 대규모로 거래하는 큰 상인들이 모여. 그들은 지방에서 꽤 알아주는 큰 부자들이야.

큰 상인들은 시장이 북적대야 더 많은 돈을 벌 수 있다는 것을 알았어. 그래서 자기들이 거래하는 큰 시장에서 문화 공연을 펼쳐 사람들을 많이 끌어들이려고 했지. 큰 상인들은 직접 예술인들을 키우기도 했어. 문화 예술이란 경제력이 바탕이 되어야 발전할 수 있거든.

서울의 소금 마을

서울에는 소금과 관련한 이름이 붙은 동네가 두 군데 있어. 바로 염창동과 염리동이야.

마포나루와 가까운 염리동은 현재 마포구에 속해 있지. 서해안에서 소금을 싣고 한강을 따라 올라온 배가 한양의 마포나루에 닿으면 소금 시장이 서고 장사꾼들이 몰려들었어. 소금 배가 드나들던 옛날에는 그 주변에 소금 장수들이 많이 살았다고 해. 그래서 '소금 염(鹽)' 자에 '마을 리(里)' 자를 써서 염리동이라는 이름을 붙인 거래. 소금 장수들이 사는 마을이라는 뜻이겠지.

염창동은 '소금 창고 마을'이라는 뜻이야. 염창동은 예전에 소금 배가 다니던 한강 뱃길 어귀에 있었어. 소금은 다른 물품들과 함께 두면 물에 녹을 때가 많아서 소금만 따로 보관할 수 있는 장소가 필요했대. 그래서 여기에 소금 창고를 많이 짓다 보니 이런 이름이 붙은 거란다.

예를 들어 탈을 쓰고 노는 오광대놀이는 낙동강 변에 있는 큰 시장에서 시작되었다고 해. 낙동강은 예전에 수심이 깊어서 배들이 짐을 싣고 많이 드나들었지. '밤마리'라는 마을은 지금의 경상남도 합천군 덕곡면 율지리인데, 그곳에 낙동강 변에서 알아주는 큰 장이 섰어. 가까운 의령, 합천, 고령 등에서 물산이 모이던 곳이야. 여름에는 함양과 산청에서 온 삼베를 비롯해 해안 지방에서 온 소금과 생선, 다른 지역에서 온 곡식 따위가 몰려들어 한바탕 난장을 벌였던 곳이기도 해. 그때 그곳에 모인 큰 상인들이 비용을 대고 큰 광대패에게 며칠씩 놀이를 벌이게 한 것이 오광대놀이란다.

소금길을 따라 번성한 큰 시장, 그 시장에서 펼쳐진 공연 예술. 소금길은 이렇게 우리 민속 문화가 발전하는 데도 이바지했어.

소금이 온다

옛날에는 소금이 귀한 대접을 받았어. 소금을 만들고
소금을 구하기가 어려웠기 때문이야. 소금과 관련해 전해지는
이야기들을 통해 소금 만드는 일이 얼마나 힘들었는지 짐작할 수 있지.
우리나라에서는 전통적으로 바닷물을 끓여서 소금을 만들었어.
근대부터는 천일염전 시설을 갖추고 햇볕과 바람이라는
자연의 에너지로 소금을 만들고 있단다.

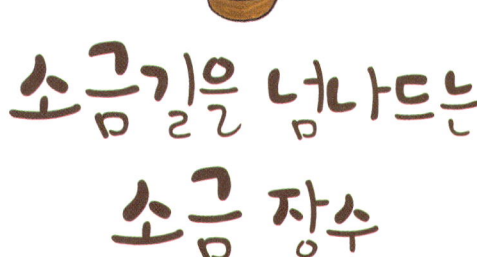

소금길을 넘나드는 소금 장수

예전에는 누가 괜히 히죽 웃고 있으면 이렇게 말했대.

"자네 소금 장수를 사위로 보았는가? 뭐가 좋아서 그리 웃어?"

소금 장수라는 직업이 꽤 괜찮았나 봐. 우선 소금은 곡식이나 돈만큼, 또는 그보다 더 귀한 물품이었으니 부자 사위를 얻어서 좋아했다는 뜻이겠지? 큰 규모로 소금 장사를 하면 큰 부자가 될 수도 있었어.

그러나 소금 지게를 지고 돌아다니는 소금 장수들은 고생이 심했어. 첩첩산중에 사는 사람들도 소금을 먹어야 하니까, 겨우 한 사람만 지날 수 있는 좁은 산길을 무거운 소금 짐을 지고 팔러 다녔거든. 또 소금 장수는 소금을 팔고 돌아가는 길에 내륙이나 산간 마을에서 농사지은 콩, 기장 같은 곡물을 지게에 싣고 돌아왔어.

그런데 일 년에 몇 번 오지 않는 소금 장수들이 재미난 이야기를 어찌나 잘했던지, 시골에 떠돌이 소금 장수들이 나타났다 하면 지금의 연예인 못지않은 인기를 누렸다고 해. 여러 곳을 돌아다니는 소금 장수들이 여기저기에서 들은 세상 이야기를 전해 주었던 거야. 소금 장수는 오늘날 세상 소식을 전하는 텔레비전이나 인터넷 같은 문화 전달자 구실을 했다고 볼 수 있어.

또 소금 장수들은 소금을 팔러 다니면서 보고 들은 게 많아서 아는 것도 많고 꾀도 많았단다. 그래서 꾀쟁이 소금 장수 이야기도 많아. 그중에 이런 이야기가 있어.

어떤 소금 장수가 소금을 팔고 산속을 지나는데 그만 날이 저물어 버렸어. 다행히 저만치 다 무너져 가는 오두막집이 보여서 허겁지겁 달려갔지. 오두막으로 들어서니 한 할아버지가 살고 있었어. 그런데 사실은 할아버지로 둔갑한 도깨비였어. 소금 장수는 그것을 눈치채고 빠져나갈 방법을 궁리했지. 그러고는 할아버지에게 슬쩍 물어보았단다.

"어르신은 세상에서 제일 무서운 게 뭐예요?"

그러자 도깨비가 대답했어.

"난 담뱃진이 제일 무서워."

소금 장수가 속으로 '그거였구나!' 하고 고개를 끄덕끄덕하는데, 이번에는 도깨비가 물었어.

"그런데 소금 장수는 뭐가 제일 무서운가?"

소금 장수는 눈을 크게 뜨더니, 정말 무섭다는 듯 몸까지 부르르 떨며 대답했어.

"저는 돈이 정말정말 무서워요."

그리고 나서 소금 장수는 자는 척하다가 새벽에 도깨비 집 주변에다 몰래 담뱃진을 왕창 흩뿌려 놓고는 집으로 도망쳐 버렸어.

　아침이 되어 그 꼴을 본 도깨비는 기겁을 하며 소금 장수에게 복수하겠다고 이를 갈았지. 그러고는 그길로 소금 장수의 집으로 달려갔단다. 소금 장수가 제일 무서워한다는 돈을 잔뜩 짊어지고서 말이야.

　소금 장수의 집은 도깨비가 쏟아부은 돈으로 가득 채워졌어. 그리하여 꾀 많은 소금 장수는 부자가 되어 잘 먹고 잘살았다는구나.

우리나라의 소금 민속

 소금은 음식을 썩지 않게 해 줘. 소금에 독을 없애고 균을 죽이는 성질이 있기 때문이야. 그래서 사람들은 소금이 나쁜 것을 막아 주고, 나쁜 일이 일어나지 않게 해 주는 힘도 있을 거라는 믿음을 품게 되었단다.

 예전에는 누가 자기 집에 와서 행패를 부리거나 하면, 그 사람이 가고 난 뒤 대문에 소금을 한 바가지 뿌리기도 했어. 그 사람이 집 안에 가지고 들어온 나쁜 기운을 없애고 더는 나쁜 일이 생기지 말라는 뜻으로 그런 거야. 어떤 집은 나쁜 일이 생기지 말라고 아예 대문에다 늘 소금 주머니를 걸어 놓기도 했어.

 몇십 년 전까지만 해도 밤에 자다가 이부자리에 오줌을 싼 아이에게는 키를 씌워 소금을 얻어 오게 하는 풍습이 있었지. 아이가 키를 쓰고 이웃집에 가서 빈 바가지를 내밀면 이웃에서는 "또 쌌구나.", "밤새 이불에 세계 지도 그리느라 수고했다."며 놀려 댔어. 동네 아이들은 오줌싸개라고 놀려 댔고.

소금에 얽힌 속담

- **부뚜막의 소금도 집어넣어야 짜다.**
가까운 부뚜막에 있는 소금도 음식에 넣지 않으면 소용이 없어. 곧 아무리 손쉬운 일이라도 힘을 들여 하지 않으면 아무 소용도, 결과도 없다는 뜻이야.

- **소금 먹은 놈이 물켠다.**
소금을 몰래 훔쳐 먹은 사람은 물을 많이 마시게 돼 있지. 그래서 결과를 보면 어떤 행동을 했었는지 알 수 있다는 뜻이란다.

- **밀가루 장사 하면 바람이 불고, 소금 장사 하면 비가 온다.**
운이 없어서 좋지 않은 일만 생긴다는 뜻이야. 하는 일마다 제대로 풀리지 않을 때 쓰여.

- **소금 먹은 푸성귀.**
소금에 절인 채소나 나물처럼 기가 죽어 후줄근한 사람을 비유적으로 이르는 말이야.

- **평양 감사보다 소금 장수.**
별 볼일 없는 관리보다 실속 있는 소금 장수가 낫다는 말이야.

- **소금으로 장을 담근다 해도 곧이듣지 않는다.**
아무리 사실대로 말해도 믿지 않는다는 뜻이야. "콩으로 메주를 쑨다 해도 곧이듣지 않는다."는 속담과 같은 뜻이지.

그런데 왜 소금을 얻어 오게 했냐면, 소금이 소변의 지린내를 없애 주고 자다가 오줌을 누는 야뇨증을 없애 준다고 믿었기 때문이야. 물론 요즘에는 어린이의 인권을 생각해서 그렇게 곤란한 벌은 주지 않는단다.

예전의 전통 주택은 모두 기둥도 나무로 세우고 들보도 나무로 얹는 등 나무를 뼈대로 해서 지었어. 그리고 아궁이에 나무를 때서 방을 데웠고, 밥을 지을 때도 부엌 아궁이에 나무를 땠지. 그러다 보니 자칫 불똥이 튀기라도 하면 집에 불이 나기 십상이었어. 또 옹기종기 모여 사는 마을에 불이 나면 이웃으로 불이 쉽게 번져 나갔어.

  그래서 불이 나지 않기를 바라는 마음, 불조심하려는 마음에서 집이나 절 주변에 소금 단지를 놓아두기도 하고, 마을의 화재를 막기 위해 마을 산꼭대기에 소금 단지를 묻어 두기도 하는 전통 민속이 생겼단다. 지금까지도 그런 전통이 그대로 내려오는 곳이 많아.

  그런데 왜 화재를 막기 위해 소금 단지를 모시거나 묻은 걸까?

  옛날에는 지금과 같은 소방서도 없고 물을 많이 모아 둔 곳도 별로 없었으니 불이라도 나면 정말 끔찍했겠지. 주위에 있는 모든 사람들이 물을 구하러 이리 뛰고 저리 뛰며 양동이로 퍼 날라도 금방 불이 번져 버려서 순식간에 잿더미가 됐을 거야. 그럴 때 사람들은 마음속으로 이렇게 생각하곤 했나 봐.

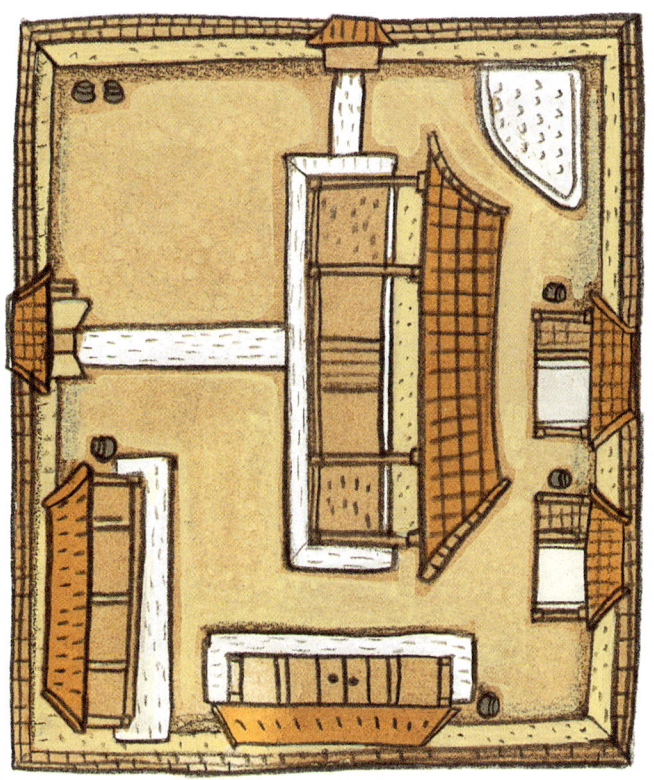

'바다를 가득 채운 바닷물이 있으면 이런 불 따위는 금방 끌 수 있을 텐데.'

사람들의 그런 마음이 바닷물을 상징하는 소금 단지로 나타난 거야. 소금은 바닷물로 만드니까 소금을 바닷물의 상징으로 보고, 바닷물로 어떠한 불이라도 끄겠다는 의지를 담아서 소금 단지를 모셨던 거지.

충청북도 단양은 오래전부터 불이 자주 나는 곳이었어. 왜 그렇게 불이 자주 나는지 모두들 의아해하고 걱정이 많았단다. 사람들은 고을 이름인 단양이 한자로 보면 불을 상징하는 것이라 불이 자주 난다고 했어. 또 단양에 있는 두악산이 마치 불꽃 모양처럼 생겨서 불이 자주 난다고도 했지.

그러다가 단양의 불기운을 잠재울 방법으로 불꽃 모양의 산꼭대기에 소금 항아리를 묻고 제사를 올렸어. 소금을 묻고 제사를 지냈다고 해서 '소금 무지제'라고 한단다. 단양 말고도 화재가 많이 나는 지역엔 이렇게 소금 단지를 묻는 곳이 꽤 있었어.

큰절에서도 불이 나지 않기를 바라며 소금 단지를 모시는 행사를 치렀어. 경상남도 양산 통도사에서는 음력 5월에 단오절 용왕제를 지내. 이때 절의 중요한 건물 모서리마다 위쪽에 놓아두었던 작은 소금 단지를 내려서 1년 동안 담겨 있던 묵은 소금을 꺼내고 새로 소금을 넣어 올렸지.

팔만대장경을 보관하고 있는 경상남도 합천 해인사에도 절 곳곳에 소금을 담아 놓아두는 바위가 있어. 또 해인사 맞은편에 있는 매화산에도 1년에 한 번 산꼭대기에 소금 단지를 묻어. 팔만대장경은 나무로 만든 목판이니까 화재가 나지 않도록 더더욱 주의를 기울여야 했겠지.

소금과 관련한 민속은 모두 소금이 사람에게 이롭다는 특성 때문에 소금이 다른 어려움까지 막아 주지 않을까 하는 바람에서 만들어졌어. 그래서 나쁜 일이 일어나지 않으려면 자기 자신부터 바르게 행동해야 하므로, 집에서는 정갈하게 소금 한 사발을 모시며 마음을 다스렸지. 또 마을이나 큰 절을 덮치는 무서운 화재가 일어나지 않기를 빌면서 산에 소금 단지를 모시는 큰 행사를 치르기도 했던 거야.

세계의 소금 민속

세계 여러 나라에는 소금이 무엇인가를 깨끗하고 성스럽게 만든다는 믿음에서 행해지는 관습이 있단다. 일본에서는 우리의 씨름과 비슷한 스모 경기를 할 때 경기장을 성스러운 곳으로 만든다는 뜻에서 경기를 하기 전에 소금을 뿌린다고 해. 유대인들은 식사를 하기 전에 식사를 성스럽게 한다는 의미로 빵에 소금을 치고, 또 그해 처음 수확한 과일에도 소금을 치는 관습이 있대. 유럽 북부의 스칸디나비아 반도에서는 마귀로부터 스스로를 보호하기 위해 소금을 뿌렸단다.

소금을 맛보고 먹는 일 또한 의미 있는 상징으로 여기기도 했어. 고대 로마 인들은 갓 태어난 아기의 입술 위에 소금을 올려놓고 악한 기운을 내쫓는 의식을 치렀지. 아랍 인들은 소금을 함께 먹는 사람을 친구로 여겼어. 중세 비잔틴 제국의 대주교인 에우스타티우스도 소금이 우정의 상징이라면서, 적어도 소금 한 가마니는 함께 먹어야 참된 우정이 이루어진다고 했어. 한솥밥을 먹는 식구처럼 함께 식사하며 오랜 시간을 지내야 진정한 우정을 나눌 수 있다는 뜻이겠지. 두 사람이 정상적인 식습관으로 소금 한 가마니를 먹으려면 꽤나 많은 시간이 필요할 테니까.

소금땀 흘리며 소금 만드는 사람들

소금 만드는 일은 몹시 고된 작업이야. 그래서 소금을 만들려면 엄청난 양의 소금땀을 흘려야만 한단다.

전라북도 부안에 전해 오는 이야기야. 예전에 부안에서는 소금 만드는 사람을 '여맹이'라고 했어. 소금쟁이, 염쟁이라는 뜻이지. 부안에서 소금 만드는 사람의 딸이 시집을 갔어. 그런데 시아버지가 소금 만드는 사람을 천하게 여겨서, 며느리를 부를 때 늘 "여맹이 딸, 여맹이 딸." 하며 무시하곤 했지.

마음이 상한 며느리는 어느 날 모든 반찬에서 소금을 빼 버렸대. 밥상을 받은 시아버지는 싱거워서 아무것도 먹을 수가 없었지.

"아이쿠, 반찬이 왜 이러냐?"

시아버지가 반찬 타박을 하자 며느리가 대답했어.

"아버님이 자꾸 여맹이 말씀을 하시는 걸 보니 소금을 싫어하셔서 그런가 싶기에 오늘부터는 소금을 안 넣기로 했지요."

그 뒤로 시아버지는 더 이상 며느리를 여맹이 딸이라 부르며 천대하지 않았대. 그리고 며느리가 소금으로 간을 해서 반찬을 내놓으면 이렇게 말했다는구나.

"음식에 소금이 안 들어가면 먹을 수가 없는 것을……. 다 소금 만드는 사람들이 고생한 덕분이다."

소금을 만들려면 뜨거운 햇볕 아래에서 흙을 갈고 엎고 또 다지고, 바닷물을 퍼 나르고, 불을 지펴 소금물을 끓이는 등의 과정을 거쳐야 하는데, 이것은 육체적으로 매우 힘든 노동이야. 그래서 주로 가진 것 없고 천한 계

소금 '염(鹽)' 자의 유래

소금은 한자로 '염(鹽)'이라고 해. 복잡해 보이는 한자인데, 하나하나 뜯어보면 단순한 한자 몇 개가 모여 이루어졌다는 것을 알 수 있어.

먼저 오른쪽 위에 있는 '로(鹵)'라는 글자부터 살펴볼까? 이 글자는 소금밭을 뜻해. 이 글자를 자세히 보면 네모 모양은 소금밭을 표시하고, 그 속에 찍힌 점들은 소금밭에서 만들어진 소금 알갱이를 나타내는 거야.

그리고 왼쪽 위에 있는 '신(臣)'이라는 글자는 '신하 신' 자로 누군가를 감시하는 관리라는 뜻에서 나온 글자야. 원래 감시하는 눈 모양을 단순하게 표현한 글자였어.

다음으로 맨 밑에 있는 '명(皿)'은 그릇을 뜻하는 글자야. 이 그릇은 소금물을 끓이는 데 쓰는 솥을 상징하는 것으로, 짠물을 끓여서 소금을 얻는 제염법을 보여 주는 글자라고 할 수 있어.

즉 한문으로 소금 '염' 자는, 나라가 관리하는 소금밭에서 만들어진 소금을 그릇에 담은 것을 뜻하는 글자인 거야.

층의 사람들이 맡아서 하니까 사람들이 무시한 거야. 그러나 그 사람들의 노고가 없었다면 사람이 매일 먹어야만 살아갈 수 있는 귀중한 소금을 어떻게 구할 수 있었겠어?

  최근에는 100년의 역사를 자랑하는 천일염을 만드는 사람에게 우리 전통 기술의 장인 자격을 주고 있대. 세계적으로 유명한 프랑스의 게랑드 염전도 우리처럼 천일염을 만드는 곳인데, 그곳의 소금도 장인들이 만들고 있지. 우리 소금은 아직 세계적으로 널리 알려지지 않았지만, 품질은 세계 최고를 자랑한단다.

소금의 신, 진 서방

전라남도 신안군은 통일 신라 시대부터 소금을 생산했어. 그리고 지금까지도 소금 생산지로 유명해.

신안군에는 소금을 만드는 사람들이 해마다 음력 3월 15일에 '진 서방'이라고 하는 소금 신에게 제사를 올리는 전통이 있었어. 염전 주인과 일꾼들이 소금 농사를 짓는 개펄에 모여서 제사상을 차려 놓고는 한 해 소금 농사가 잘되게 해 달라며 이렇게 빌었단다.

"비나이다, 비나이다, 진 서방께 비나이다. 올해도 많은 소금을 주십시오. 소금 만드는 우리 여맹이들에게 아무 탈이 없도록 해 주십시오. 또한 소금밭 갈고 소금 수레 끄는 우리 소들도 건강하게 해 주십시오. 비나이다, 비나이다, 진 서방께 비나이다."

소금 신에게는 조상 제사 때보다 세 배나 더 많이 절을 올렸다고 해. 그렇게 해서 소금 농사가 잘되어 수확이 많은 해에는 이렇게 말했대.

"진 서방 덕에 소금 농사가 잘됐소."

반대로 소금 농사를 망친 해에는 이렇게 말했단다.

"올해는 진 서방이 훼방을 놓아 소금 농사 망해 버렸네."

소금 농사라는 것이 햇볕 좋은 날이 많고 바람도 적당히 불어 줘야 풍성한 수확을 거둘 수 있는 일이거든. 그렇지만 날씨가 사람 마음대로 되는 건 아니잖아. 내내 흐리고 비가 많이 오고 장마가 유난히 긴 그런 해도 있겠지.

그래서 소금 만드는 사람들은 소금 농사가 잘되면 괜히 고마워서 누구에게라도 감사하고 싶어졌을 거야. 또 어쩔 수 없는 자연 현상 때문에 소금 농사를 망치면 자기들이 뭔가 잘못해서 소금 신이 심술을 부렸기 때문이라며, 다음 해엔 더 정성을 쏟아야겠다고 다짐해 보는 거지. 옛날에 소금 만들던 사람들의 정성스러운 마음이 느껴지니?

식물과 해조류에서 얻은 소금

'붉나무'는 가을이면 잎이 유난히 붉게 물들어서 그런 이름이 붙었대. 그런데 가을에 열리는 붉나무 열매를 보면 껍질에 허연 버캐가 묻어 있어. 여기에 혀를 대 보면 소금처럼 짠맛이 나. 소금버캐는 식물의 수액 속에 있던 소금기가 엉기어 말라붙은 거야. 옛날에 소금을 구하기 힘든 산골에 살던 사람들은 정말로 붉나무처럼 소금버캐가 생기는 식물에서 소금을 얻기도 했단다.

그렇다면 붉나무처럼 소금이 생기는 식물도 없고, 바다가 있다 해도 소금 만드는 방법을 몰랐던 아주 옛날 옛적 선사 시대 사람들이나, 물질문명이 발달하지 않은 곳에 살던 사람들은 어떻게 소금을 구했을까?

인류는 어떤 경우에도 자신에게 필요한 것을 아주 슬기롭게 찾아낼 줄 아는 것 같아. 글쎄, 식물이나 해조류를 태운 재에서 소금을 얻었다는 거야.

다시마나 미역 같은 해초를 태워 그 재에 물을 부으면 재에 들어 있던 소금 성분이 물에 녹는데, 선사 시대에는 그것을 소금물 대용으로 썼다고 해. 또 풀 같은 식물을 태운 재를 소금물에 담은 뒤 증발시켜서 소금을 얻기도

했다는구나.

16세기 우리나라의 함경도도 소금이 귀한 곳이라 소금이 떨어지면 바닷물을 길어다 쓰거나 바닷말을 태워서 먹었다는 기록이 남아 있단다. 중국의 화이난 지방에서는 갈대의 재를 소금기가 많은 땅에 펼쳐 놓은 뒤, 재가 소금기를 잔뜩 머금으면 재를 물에 씻어서 소금이 녹게 했어. 그리고 남은 재를 제거하고 소금물을 증발시켜 소금 알갱이를 얻었지.

지금 캐나다 땅의 원래 주인이었던 인디언들은 전통적으로 머위의 잎에서 소금을 얻었대. 머위는 소금을 좋아하는 식물이라 흙에 있는 소금 성분을 뿌리에서 많이 흡수하거든.

또 어떤 곳에서는 쇠똥이나 말똥을 태워 물을 탄 다음, 이것을 불에 조려 소금을 얻기도 했어. 그리고 벌레에서 소금을 얻기도 했단다. 구더기 몸에서 나오는 액을 모아 그 속에 있는 소금기를 먹었던 거야.

하지만 이런 방식으로는 소금을 아주 조금밖에 얻지 못해. 그래서 사회가 발전하고 인구가 늘어남에 따라 소금을 더 많이 생산할 수 있는 방법이 필요해졌단다.

해초를 태워 만드는 소금

바다로 둘러싸인 섬에서는 소금을 쉽게 구할 수 있을 것 같지? 하지만 실제로는 육지에서 소금을 사 오는 경우가 많았다고 해. 그래서 19세기 초 전라남도 흑산도라는 섬으로 귀양 갔던 정약전은 해초를 이용해 소금 만드는 법을 시행하면 좋겠다고 생각했어. 정약전은 조선 후기의 실학자인 다산 정약용의 형이란다.

그때만 해도 염전을 만들어 햇볕과 바람에 말리는 천일염전 방식이 없었어. 조선 시대까지 소금은 모두 바닷물을 끓여서 물을 증발시킨 뒤 소금 결정을 거둔 것이었거든.

그런데 그런 방식으로 소금을 만들려면 큰 솥과 많은 양의 땔감이 필요했어. 가난한 섬사람들로서는 엄두도 낼 수 없는 일이었지. 큰 솥을 마련할 비용도 없었지만, 땔감을 대려면 섬에 나무가 한 그루도 남아나지 않을 테니까. 그래서 육지에서 소금을 사다 먹어야 했지.

정약전은 이런 점이 안타까워 바닷가로 밀려온 해초 가운데 거머리말을 이용해 소금을 만들면 좋겠다고 생각했어. 거머리말을 불에 태워 재를 만들고, 그것을 바닷물에 거르면 소금을 만들 수 있다는 것이지. 정약전은 이런 내용을 『자산어보』라는 책에 남겼어. 『자산어보』는 흑산도 주변의 바다 생물들에 대한 백과사전 같은 책이야. 조선의 선비로서는 드물게 바다 생물의 생태를 자세히 밝혀낸 아주 특별한 서적이지.

그런데 이 책에서 정약전이 제안한 방식은 사실 선사 시대부터 사람들이 바다에서 소금을 얻어 온 방식이란다. 또 조선 시대 중종 때도 함경도에 소금이 떨어지자 해초를 태워서 먹었다는 기록이 남아 있어. 중국과 일본에도 해초를 태워 소금을 만드는 방법이 전해 오고 있는데, 정약전이 말한 것과 비슷하단다.

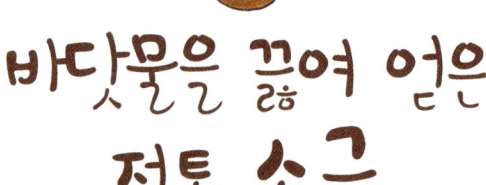

바닷물을 끓여 얻은 전통 소금

옛날 사람들은 바닷물이나 소금 우물에서 어떻게 소금을 얻었을까?

하와이 사람들은 옛날부터 바위를 그릇 모양으로 파낸 다음 그 안에 바닷물을 담아 증발시켜서 가정용 소금을 만들었다고 해. 고대 로마 인들은 도자기에 소금물을 담아 수분이 다 증발하면 도자기를 깨뜨리는 방식으로 소금을 생산했고. 로마가 아무리 부유했어도 도자기를 깨면서까지 소금을 만들었을까 싶지만, 아마 흙으로 대충 구워 만든 막사발 같은 그릇이었을 거야. 이것은 선사 시대부터 써 온 방식이란다.

근대 이전에는 우리나라뿐 아니라 다른 나라에서도 보통 짠물을 끓여 소금을 만들었어. 미국을 예로 들어 볼까?

미국의 뉴욕 주 버펄로 근처에 거대한 바위처럼 드러난 소금 지대가 있어. 그곳에 비가 오면 소금이 녹아서 땅에 스며들고 지하수에도 섞여 들어갔어. 그 지하수가 흘러드는 강물에는 당연히 소금 성분이 많았겠지.

강물이 흐르면서 강의 모랫바닥에는 소금이 가라앉아. 그래서 그곳 사람들은 소금을 걸러 내기로 했어. 소금이 섞인 모래를 바구니에 담아 기둥에 걸어 놓는 거야. 그리고 그 밑에는 그릇을 놓아둬. 그러면 바구니에서 짠물이 떨어져 그릇에 고이지. 그것을 끓이면 물이 졸아들면서 소금만 남게 돼.

그러면 우리와 가까운 중국에서는 어떻게 소금을 만들었을까?

중국의 산둥 성 앞바다에서 투구형 토기가 많이 발견되었다고 해. 이 투구 모양 토기는 매우 커서 소금을 만드는 데 사용된 것으로 추정하고 있어. 산둥 성이면 옛날 제나라의 재상 관중이 소금을 만들게 했던 곳이잖아.

그런가 하면 쓰촨 성에서는 소금 우물에서 소금을 얻었지. 쓰촨 성에는 땅 밑으로 천연 소금물이 흐르고 있어. 이곳은 대규모 소금층이 묻혀 있는 곳이라 지하수에서도 짠 소금물이 나와. 그래서 기원전 252년, 그 소금물을 퍼내서 소금을 만들기 위해 세계 최초로 소금 우물을 팠단다. 땅속 깊이 우물 구덩이를 파고 거기에 차는 소금물을 퍼 올린 뒤, 그 소금물을 끓여서 소금을 만든 거야.

그런데 지하 수백 미터가 넘는 깊은 소금 우물에서 소금물을 퍼 올리고 또 운반하는 일이 아주 큰 문제였지. 마침 쓰촨 지방은 대나무가 많이 자라는 곳이라 대나무를 여러모로 활용할 수 있었어. 대나무를 잇고 또 이어서 아주 긴 관을 만들고, 소금물을 담는 커다란 통도 대나무로 만들었어. 지하의 소금물을 끌어 올리는 장치도 대나무로 만들었지.

그런데 쓰촨 성 사람들은 소금 우물을 개발하다가 종종 이상한 일을 겪었대. 땅에 구덩이를 파는데 갑자기 엄청난 폭발이 일어나고 우물 구덩이에서 불꽃이 솟아오르기도 했던 거야.

"땅을 건드리니까 땅속에 있던 귀신이 노했나 봐."

처음에는 다들 이렇게 두려워했어. 그러나 이를 과학적으로 생각한 사람도 간혹 있었지.

"그건 귀신의 장난이 아닙니다. 땅속에 불이 잘 붙는 기체가 있는 것 같습니다. 이 기체를 잘 이용하면 땔감을 구해다 불을 때지 않아도 소금을 구울 수 있겠어요."

그 말을 듣고 사람들은 우물 구덩이에서 솟는 기체를 대나무 관으로 끌어와 소금물을 끓이는 데 사용했어. 그 기체는 바로 요즘 우리가 요리할 때 쓰는 가스레인지의 연료인 천연가스였어. 천연가스가 세계 최초로 사용된 곳이 바로 쓰촨 성의 소금 우물이었던 거야.

이처럼 쓰촨 성에서는 소금 우물에서 짠물을 끌어 올린 뒤, 부뚜막에 솥을 여러 개 놓고 불을 때서 물을 증발시켜 소금을 얻었어. 솥은 크기가 작고 뾰족한 원뿔 모양이었어. 그래서 물이 증발한 뒤에 소금 결정을 빼내면 술잔 모양이 되었다고 하는구나.

중국에서는 이렇게 한나라 때부터 근대에 이를 때까지 소금물을 끓여서 소금을 만들어 왔어. 그런데 나라의 규모가 점점 더 커지고 인구가 많이 늘어나면서 굽는 소금으로는 필요한 양을 다 채울 수 없게 되었지. 그래서 당나라와 송나라 시대에 이르러서는 바닷물을 햇볕과 바람에 말려 소금을 만드는 염전을 개발하기 시작했단다.

그러면 우리나라에서는 어떻게 소금을 만들었을까?

우리나라에서는 근대 이전까지 바닷물을 끓여서 소금을 만들었어. 바닷물을 끓이고 끓여서 졸이다가 소금 결정이 생기면 수분이 완전히 날아갈 때까지 구웠지. 그래서 예전에는 소금 만드는 것을 "소금을 굽는다."고 했단다. 그렇게 해서 만들어진 소금은 '구워 낸 소금'이라는 뜻에서 한자어로 '자염(煮鹽)'이라고 했어.

바닷물을 끓여 소금을 만드는 방식이라도 자연환경에 따라 지역마다 다양했어. 동해안처럼 갯벌이 형성되지 않은 지역에서는 바닷물을 직접 퍼서 끓였어. 이런 방식으로는 땔감이 많이 들고 시간도 오래 걸려 많은 양의 소금을 만들기가 어려웠겠지.

반면에 서해안과 남해안은 갯벌이 발달해 있어서 소금을 생산하기 좋은 곳이야. 그래서 갯벌을 이용해 소금을 만들었어. 먼저 바닷물이 빠졌을 때 바닷가의 갯벌을 몇 차례 갈아서 소금기가 많은 짠 흙으로 만들지. 그러고 나서 바닷물이 들어와 짠 흙에 스미면 짠물이 흘러내리게 돼. 그 짠물을 받아서 끓여 소금을 만들었던 거야. 이런 과정을 거쳐 바닷물을 더 짠 물로 만들면 그냥 바닷물을 퍼서 끓이는 방식보다 땔감도 덜 들고 소금도 더 많이 만들 수 있었지.

갯벌을 갈 때는 논밭을 가는 농사 기술과 도구가 유용히 쓰였어. 논밭을 갈 때와 마찬가지로 갯벌을 갈 때도 소를 이용하거나, 논밭을 갈고 고를 때 쓰는 쟁기와 써레 등을 이용했지. 또 바닷물이나 짠물을 끓이려면 커다란 솥이 필요했어. 동해안에서는 바닷물을 그대로 끓여야 하니까 센 불이 화끈하게 전해지는 쇠솥을 사용했지만, 서해안이나 남해안에서는 바닷물

보다 더 짠 물로 만들어 끓이니까 그렇게 센 불을 때지 않아도 되었어. 그래서 비싼 쇠솥보다는 흙으로 빚은 토기 가마솥을 많이 사용했단다. 토기 가마솥은 흙과 굴 껍질 가루를 섞어 다져서 네모나게 만들었어.

소금을 굽는 데 가장 큰 문제는 땔감을 확보하는 일이었어. 땔감이 너무 많이 들다 보니 소금을 굽는 곳 주변에 있는 산의 나무는 땔감으로 다 베어져 나가고, 먼 곳에서 땔감을 사 오려니 비용도 많이 들었지.

우리나라는 근대 이전까지 계속 이런 방식으로 소금을 생산했단다.

소금을 찾다가 발견한 석유

땅이 넓은 미국에도 거대한 소금층이 묻힌 곳이 있어. 미국에서는 석탄을 캐다가 소금층을 발견하기도 하고, 또 소금을 발굴하다가 석유가 터져 나오는 일도 있었단다.

1859년 펜실베이니아 주 타이터스빌 교외에서 사람들이 소금층을 찾아 땅을 파내려 가다가 뜻밖에도 석유가 터져 나와 석유층을 발견하게 되었어. 1901년에는 텍사스 주 스핀들톱에서 땅속의 소금층을 파내려 가다가 거대한 석유층을 발견했지.

그 뒤로도 더 많은 석유가 텍사스 주와 루이지애나 주에서 발견되었어. 물론 이 지역들에는 소금층이 묻혀 있었지. 미국은 소금을 찾으려다 발견한 석유 덕에 많은 석유를 생산하는 나라가 되었어.

석탄층과 석유층은 수억 년 전 숲과 늪이었던 곳이었어. 숲과 늪이 수억 년 동안 땅속에 묻혀 있으면 천천히 석유와 석탄으로 변하게 되지. 그런데 어떤 곳에서는 숲과 늪이었던 지역이 지구의 큰 지각 변동 때 바닷속으로 들어가 버리기도 했단다. 그러다가 또 지구가 꿈틀대며 활동하는 시기가 찾아오면 바다가 되었던 곳이 육지 속에 갇히기도 했지. 그렇게 육지 속에 갇힌 바다는 오랜 세월에 걸쳐 수분이 모두 증발되면서 거대한 호수 모양의 소금 덩이로 굳어 갔어.

그 뒤 다시 지구가 활동하자 소금 덩이는 다시 땅속에 갇히게 되었어. 그런 곳을 파서 개발한 것이 소금 광산이야. 그래서 소금 광산을 발굴하다 보면 근처에 있던 석유층이나 석탄층도 함께 발견되지. 수억 년 전에 숲과 늪이었던 곳이 그대로 묻혀서 석유층이나 석탄층이 되어 있었던 거야.

땅속에 갇힌 소금층은 단단하게 굳어서 석유나 석탄과는 섞이지 않는 성질이 있어. 그런 까닭에 소금층과 석유층, 석탄층은 서로 섞이지 않고 각각의 층을 형성하고 있는 거란다. 석유는 주로 소금 아래층에 매장되어 있는 경우가 많다고 해.

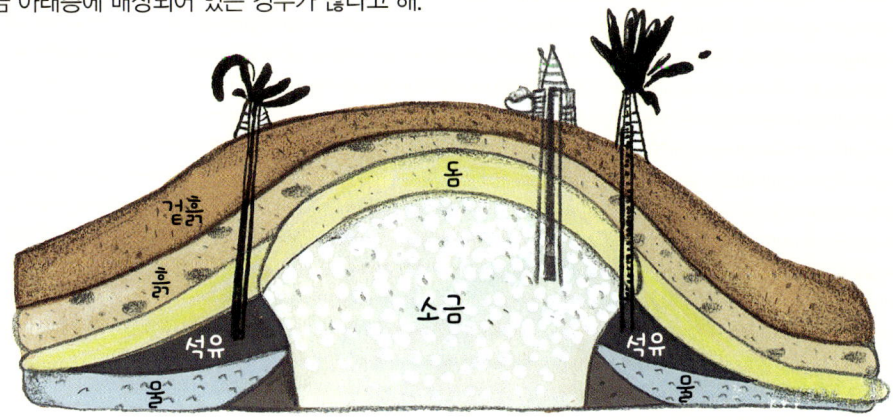

자염은 어떻게 만들었을까

우리나라의 전통 소금인 자염 만드는 과정을 보면 우리 조상들의 지혜에 절로 감탄이 나와. 자염 생산 방식은 지역마다 조금씩 다르긴 하지만 원리는 비슷했어. 여기서는 자염 생산지로 유명한 충청남도 서해안의 태안군에서 자염 만들던 방식을 알아보자.

1 통자락 만들기
갯벌의 흙을 파서 커다란 구덩이를 만들어. 이런 구덩이를 '통자락'이라고 하는데, 통자락을 만들려면 썰물이 크게 져서 바닷물이 밀려들지 않는 조금 물때라야 해.

2 간통 설치하기
통자락 가운데에 바닷물을 모을 수 있는 간통을 설치해. 소나무 말뚝을 박아 엮어맨 뒤, 개흙이 스며들지 못하도록 짚으로 만든 발을 두르고 개흙을 발라.

3 개흙 갈기
소를 이용해 통자락 주변의 개흙을 곱게 갈아. 바닷물이 들어와 개흙을 적시고 빠져나가면, 햇볕에 흙이 마르면서 소금기가 달라붙어 점점 더 짠 흙이 만들어져.

4 통자락에 흙 끌어모으기
간통 입구에 흙이나 바닷물이 위에서 스며들지 못하게 가마니 따위를 덮어. 그런 다음 일주일 동안 말린 짠 흙을 통자락 안으로 끌어모아.

5 통자락에 짠물 모으기

바닷물이 밀려들어 오는 사리 물때가 되면 통자락의 짠 흙 사이로 바닷물이 스며들어. 일주일쯤 지나 바닷물이 물러갈 무렵이면 염도가 몇 배 더 높아진 짠물이 간통에 가득 스며들게 돼.

6 염도 측정하기

바닷물이 밀려 나가면 통자락의 개흙을 걷어 내고 간통 속에 고인 짠물의 염도를 측정해. 소나무의 송진을 콩알만 하게 뭉쳐서 실에 매달아 짠물에 담그는데, 송진이 빨리 떠오를수록 소금 농도가 높은 거야.

7 염막으로 운반하기

짠물을 퍼내 통에 옮겨 담고, 물지게로 져서 짠물을 끓이는 염막으로 날라.

8 소금가마에서 끓이기

소금가마에 짠물을 넣고 8~10시간쯤 불을 때서 끓여. 짠물이 끓으면서 거품으로 일어나는 불순물을 거둬 가며 계속 끓여. 소금 결정이 맺히기 시작하면 불을 알맞게 조절해서 뜸을 들여.

9 소금 건져 내기

소금가마에서 만들어진 소금 결정을 건져서 삼태기에 담아 물기를 뺀 뒤 소금 섬에 퍼 담아.

해와 바람이 만드는 천일염

비용이 많이 드는 정통적인 소금 생산 방식은 근대에 들어와 비용도 덜 들고 더 많은 양의 소금을 만들 수 있는 방식으로 바뀌었어. 많은 땔감을 들여 바닷물을 끓이는 대신 자연의 에너지를 활용하는 방식으로 바뀐 거야. 갯벌에 소금밭을 만들어 바닷물을 채우고 뜨거운 햇볕과 시원한 바람의 도움을 받아 소금을 만드는 방식이지. 오늘날 우리나라에서 생산되는 천일염은 이렇게 만들어지고 있어. 천일염은 '하늘 천(天)', '날 일(日)', '소금 염(鹽)'이라는 한자로 이루어진 말이야. 햇볕과 자연의 힘으로 만든 소금이라는 뜻이지.

 천일염을 생산하려면 염전(소금밭)을 갖추어야 하는데, 우리나라의 서해안과 남해안에 펼쳐진 갯벌은 소금밭을 만들기에 좋은 조건을 갖추고 있어. 평평한 갯벌에 흙과 모래가 적절한 비율로 섞여 있고, 주변에 민물이 들어오지 않고, 산이 없어서 바람이 잘 통해. 또 기온이 높으면서 비는 많이 오지 않고, 햇볕이 강해서 물이 증발하는 양이 많아. 그래서 서해안과 남해안에 염전들이 많단다.

천일염전에는 논이나 밭처럼 여러 칸의 소금밭이 만들어져 있어. 바닷물이 소금이 되기까지는 크게 저수지, 증발지, 결정지를 거쳐야 해.

먼저 저수지에 바닷물을 받아 놓은 뒤 바닷물을 증발지로 보내 햇볕과 바람으로 바닷물을 증발시켜. 칸칸이 나뉜 증발지는 멀리서 보면 평평해 보이지만 칸마다 높이가 조금씩 달라. 제일 처음 바닷물을 받는 곳이 제일 높고, 다음 칸들은 3센티미터씩 낮게 만들어진 계단식으로 돼 있어. 그래서 졸아든 바닷물을 다음 칸으로 옮겨야 할 때 물꼬만 터 주면 낮은 칸으로 저절로 흘러들게 돼. 그렇게 한 칸 한 칸 넘어가면서 물이 증발되고 더욱 짜디짠 짠물이 만들어지는 거야.

증발지에서 만들어진 짠물은 결정지로 보내져. 결정지에서 드디어 소금이 만들어지는 거야. 결정지의 바닥에는 갯벌의 흙이나 이물질이 섞이지 않도록 타일이나 검은 고무 장판을 깐단다.

결정지에서 소금이 만들어지는 순간은 마술 쇼와 같아. 그래서 표현도 색달라. 결정지에 짠물을 넣는 것을 "소금을 안친다."고 하고, 허옇게 소금 입자가 맺히는 결정이 시작되면 "소금이 온다."고 해. 처음 맺히는 소금 입자는 '소금꽃'이라고 부르는데, 반나절이나 하루쯤 지나면 작은 주사위 모양의 소금 결정이 돼. 이렇게 해서 소금이 다 만들어지면 소금을 한곳에 모아. 이것을 "소금을 받는다."고 해.

지금 우리나라에서 천일염을 생산하는 곳은 전라북도 부안, 충청남도 태안과 서산·홍성 지역, 전라남도 신안 지역 등이 대표적이란다.

천일염은 어떻게 만들까

천일염을 만들 수 있는 시기는 3월부터 10월까지야. 그중에서도 햇볕의 양이 많고 바람도 솔솔 잘 부는 5월 말과 6월 초에 가장 좋은 소금이 만들어져. 바닷물이 염전으로 들어가 천일염이 되는 데는 25일쯤 걸린단다.

1 저수지에 바닷물 채우기
매달 음력 보름과 그믐께 갯벌로 바닷물이 크게 밀려올 때 수문을 열고 저수지에 바닷물을 채워. 이때 바닷물의 염도는 1~2도쯤 돼.

2 염전으로 바닷물 보내기
바닷물에 섞여 있는 개흙이나 이물질이 가라앉으면 양수기를 이용해 저수지의 바닷물을 1차 증발지로 보내.

3 1차 증발지에서 염도 높이기
1차 증발지는 햇볕을 쪼이고 바람을 쐬어서 바닷물을 증발시켜 염도를 높이는 곳이야. 바닷물이 한 칸씩 거쳐 염도가 8도쯤 되면 2차 증발지로 보내.

4 2차 증발지에서 염도 높이기
짠물을 한 칸씩 옮겨서 마지막 칸까지 다다라 염도가 16도쯤 되면 결정지로 보내.

5 결정지에서 소금 결정 만들기
염도가 25도쯤 되면 하얀 소금 결정이 맺히기 시작해. 반나절이나 하루쯤 지나면 염도가 28도에 이르고 작은 주사위 모양의 소금 결정이 되지.

해주(짠물 저장 창고)
낮은 지붕이 달린 구덩이야. 비가 오거나 볕이 좋지 않을 때 증발지의 짠물을 잠시 보관하는 곳이지.

소중한 소금을 주는 갯벌

염전에 바닷물을 찰랑이도록 가둬 놓고 햇볕과 바람에 말리면 바닷물이 점점 줄어들어. 그러면 염전 바닥은 수많은 별들이 만든 은하처럼 희끗희끗해진단다. 얼마 안 지나 그 작은 별 부스러기 같은 것들이 육각형의 소금 결정을 만들며 염전 바닥에 깔리지. 그러면 염전 사람들은 이렇게 말해.

"소금이 온다!"

소금은 사람이 만드는 것이 아니라, 바다와 바람과 해와 달이 보내는 선물로 우리에게 오는 거란다.

해와 달과 지구 사이에는 인력이 작용해. 인력은 끌어당기는 힘을 말해. 지구는 멀리 있는 해의 인력에도 영향을 받지만 특히 지구와 가까운 달의 인력에 더 많은 영향을 받아. 그 예로 달과 가까이 있는 바다는 달의 인력

때문에 바다가 달 쪽으로 끌어당겨지는 현상을 보여. 그것이 바닷가에서 볼 수 있는 썰물 현상이야. 바닷물이 당겨지니까 바닷물이 그만큼 쑥 빠져나가 버린 거지. 그러다가 달과 멀어지게 된 바다가 달의 당기는 힘에서 벗어나면서 바닷물은 다시 밀물이 되어 밀려들어와.

그렇게 오랜 세월 바닷물이 밀물과 썰물로 들어왔다 나갔다 반복하니 땅과 바위를 조금씩조금씩 깎아 내게 되었겠지. 그 과정에서 쓸려 온 흙이며 깨진 바위 조각이며 모래가 점차 바다와 육지 사이에 쌓이다가 마침내 갯벌이 만들어진 거란다. 염전은 이런 갯벌을 이용해서 만들어.

우리나라 지도를 보면 바다와 맞닿은 육지가 동해 쪽은 곧은 등줄기처럼 쭉 뻗은 데 반해, 서해와 남해 쪽은 들쭉날쭉해. 그리고 동해는 밀물 썰물과 같은 바닷물의 움직임이 적은 반면, 서해는 밀물 썰물의 차이가 커서 바닷물이 들어왔다 빠져나가면 넓은 갯벌이 드러나지. 이런 차이가 있는 동해와 서해의 지형 중에서 소금을 생산하기 좋은 곳은 서해안이야. 바닷물이 밀려왔을 때 그 물을 가두어 두면 소금을 좀 더 쉽게 만들 수 있으니까.

최근에 우리나라는 서해안 갯벌을 흙으로 메워 간척지로 만드는 사업을 벌이고 있어. 갯벌을 간척지로 만들어서 산업 단지나 농사 용지로 이용한다는 것이지. 그런데 우리보다 앞서 갯벌을 없애고 간척지를 만든 세계 여

러 나라에서는 큰 문제가 발생해 그 대가를 톡톡히 치러야 했어. 갯벌이 사라지면서 갯벌의 생명과 먹이 사슬 관계를 맺고 있는 연안 바다의 바다 생물들이 죽어 가게 된 거야. 자연 생태계에서 중요한 역할을 담당하던 갯벌을 없애 버렸으니 바다가 황폐해진 것이지. 갯벌이 살아 있어야 해안의 생태계가 살 수 있거든.

그런데 천일염을 만드는 염전은 갯벌을 훼손하지 않아. 갯벌에는 해조류를 비롯해 각종 조개와 게 등의 생물들이 살고, 그것들을 먹으려고 수많은 새들이 몰려들어. 따라서 천일염전에서 소금을 생산하는 일은 갯벌의 생태계를 보호하고 유지하는 친환경 사업이라고 할 수 있단다.

그동안 석유와 같은 화석 연료를 너무 많이 사용해서 환경이 파괴된 결과, 오늘날 우리는 지구 온난화 같은 환경 재앙에 맞닥뜨리고 있어. 늦었지만 지금이라도 환경을 파괴하지 않는 에너지를 개발해야 돼. 그래서 태양열이라든가 풍력 같은 친환경 에너지가 미래를 위한 에너지로 떠오르고 있어. 천일염전에서 태양과 바람이라는 천연의 에너지를 이용해 소금을 만드는 일도 좋은 본보기가 될 수 있겠지.

좋은 갯벌을 보전하고 좋은 소금을 보장받으려면 이 땅의 자연이 파괴되지 않고 오염되지 않아야 해. 우리가 버린 폐기물들이 바다로 흘러들면 언젠가 우리에게 그 해악이 되돌아오게 되어 있으니까. 그리고 우리가 갯벌을 파괴하면 바다뿐 아니라 우리의 미래도 파괴되고 말아. 자연이 준 선물인 갯벌에서, 자연을 거스르지 않고 해와 바람을 이용해 소금을 거두는 염전은 자연과 더불어 살아가는 법을 가르쳐 주는 곳인 것 같아.

가공 방법에 따른 소금의 종류

천일염
천일염은 소금밭에 바닷물을 끌어들인 뒤 햇볕에 말려서 만드는 소금이야. 그렇게 만들어진 천일염은 육각형에 알갱이가 굵고 우윳빛이 돌아. 세계에서 생산되는 대부분의 천일염에는 미네랄이 거의 없는데, 우리나라의 천일염에는 여러 가지 좋은 미네랄 성분이 함유되어 있단다. 특히 김치를 절이거나 장을 담글 때는 반드시 국산 천일염을 써야 제맛이 난다고 해.

재제염(꽃소금)
우리 부엌에서 자주 쓰는 소금이야. 설렁탕을 먹을 때는 저마다 입맛에 맞게 소금을 넣는데, 그때 주로 넣는 소금이 꽃소금이지. 천일염에 물을 넣고 녹인 뒤 불순물을 제거한 다음 다시 건조시켜 만든 소금이란다. 그런데 국산 천일염으로 만들면 천일염에 있는 미네랄이 산화되어 색이 누렇게 변해. 그래서 재제염은 미네랄이 없는 외국산 천일염으로 만들어. 꽃소금은 하얘서 보기엔 좋지만, 건강에는 좋다고 할 수 없어.

정제염(기계염)
바닷물에는 다양한 미네랄과 중금속 성분이 함께 들어 있는데, 정제염은 이온 교환막 장치라는 특수한 장치를 통해 바닷물에서 짠맛을 내는 염화나트륨 성분만 뽑아내 만든 소금이야. 그래서 정제염에는 미네랄이 거의 없어. 라면, 과자, 빵 등 많은 가공 식품에 이런 정제염이 들어간단다.

가공염
소금을 볶거나 태워서 새로운 형태로 만들거나, 다른 첨가물을 넣어서 가공한 소금이야. 대나무 속에 소금을 채워 넣고 구운 죽염은 우리나라의 전통적인 가공염으로 좋은 평가를 받고 있지. 맛소금은 암염이나 정제염에 글루탐산나트륨(MSG)이라는 화학조미료를 첨가해서 만든 가공염이고. 요즘에는 허브, 해초, 표고버섯 따위의 첨가물을 넣어 가공한 개성 있는 가공염이 많아졌어.

오늘을 살리는 소금, 미래를 여는 소금

소금은 사람의 생존과 건강에 꼭 필요해. 그런데 소금의 역할은 거기에 머물지 않고 오늘날 화학과 공업의 원료로도 많이 사용되고 있어. 의약품, 비누, 샴푸를 비롯해 페인트, 화약, 비료 등등에 이르기까지 우리가 늘 쓰는 일상용품 중에 소금 성분을 이용한 것은 헤아릴 수 없이 많단다. 소금은 미래에도 중요한 자원으로 크게 활약할 거야.

우리 몸속의 소금

조선 시대에 세종 대왕은 밤늦도록 책을 보다가 피곤하면 소금물을 마셨다고 해. 소금물이 요즘의 스포츠 음료와 마찬가지였던 셈이지. 사실 스포츠 음료의 성분은 소금물과 다름이 없어. 소금을 몸에 필요한 만큼 적당히 섭취하면 우리 몸이 활력을 잃지 않는단다.

조선 시대에 흉년이 들면 가난한 백성들은 먹을 것이 없어 굶주려야 했어. 너무 배가 고프니 산과 들에서 먹을 만한 풀을 뜯어 먹고 나무껍질을 벗겨 먹으며 견뎌야 했지. 그렇게 먹다 보면 당연히 소금을 섭취할 수가 없었어. 소금을 먹지 못하면 헛배가 불러 오고 온몸이 누렇게 팅팅 붓는 부황에 걸리게 돼. 그래서 흉년이 들면 나라에서는 먹을 것보다 먼저 소금과 장을 나눠 주었단다.

"굶주린 백성들이 비록 풀을 먹더라도 소금과 장은 반드시 먹어야만 부황에 걸리지 않습니다. 나라에서 나는 소금을 적절히 나누어 소금이 부족한 곳에도 배급해야 합니다."

이렇게 흉년이 들면 관리들은 무엇보다 백성들에게 나누어 줄 소금에 대한 대책을 세우곤 했대.

현대인들 중에는 제대로 먹지도 못한 채 밤새워 일하거나 공부하는 사람들이 많아. 그러다간 이렇게 되기 십상이야.

"아이쿠, 어지러워라. 다리도 풀려서 일어설 수가 없어."

이런 증상을 보이다가 심해지면 병원에 가서 링거액을 맞기도 하지. 장거리 마라톤을 하다가 쓰러진 사람도 링거액을 맞아. 링거액에는 대체 어떤 성분이 들어 있기에 쓰러진 사람들에게 필요한 걸까?

링거액은 한마디로 소금물이라고 생각하면 돼. 여기에 염화칼륨과 염화칼슘이 아주 조금 첨가돼 있지. 그러니까 링거액은 우리 몸속을 채우고 있는 혈액을 비롯한 체액들과 아주 비슷한 성분으로 만들어진 거야.

사람의 몸은 70퍼센트가 물로 이루어져 있는데, 몸속의 물에는 0.9퍼센트 정도의 소금 성분이 들어 있어야만 한단다. 몸속의 소금이 그보다 너무 적거나 너무 많아지면 건강을 잃게 돼. 사람들은 매일 땀을 흘리고 소변을 보는 등 몸속의 액체를 배출하는데, 그때마다 소금도 따라서 몸 밖으로 나가 버려. 그래서 우리는 날마다 소금을 먹어야만 하는 거야. 그래야 우리 몸속 액체의 소금 농도를 유지할 수 있거든.

음식에 소금을 넣는 이유가 단지 맛 때문만은 아니라는 게 이해가 가지? 소금은 우리 생명을 살리는 물질이기 때문에 꼭 섭취해야 하는 거야. 몸에 필요한 물질이라서 우리 입맛도 자연스레 소금의 짠맛을 좋아하게 되었나 봐. 그렇지만 소금의 양은 적당히, 꼭 필요한 만큼만!

소금을 먹지 않는 이누이트

소금을 따로 먹지 않아도 되는 사람들도 있어. 먹을 필요가 없기 때문이야.

북극 지방에 사는 이누이트는 바다에서 잡은 물개나 바다표범, 순록 같은 고기를 주식으로 먹었어. 모든 동물의 몸속에는 소금이 들어 있기 때문에 생선이나 고기를 주식으로 먹는 사람들은 따로 소금을 먹지 않아도 돼. 다만 베링 해에 사는 이누이트만은 순록, 곰, 바다표범 따위를 바닷물에 삶아 조금 더 맛을 내서 먹기도 한다고 해.

이누이트가 사는 곳은 냉동고 속처럼 매우 춥기 때문에 어떤 음식도 썩을 염려가 없어. 그러니 무언가를 소금에 절여 오래 보관할 필요도 없지. 그런데 요즘은 교통이 뚫리고 바깥세상과 교류가 많아져서 이누이트도 다른 나라에서 들여온 짭짤한 인스턴트 식품을 많이 먹는다는구나. 그래서 건강에 문제가 많이 생겼다고 해.

전통적으로 살아가는 것이 무조건 좋은 것은 아니겠지. 그러나 전통이란 오랜 세월 그 지역에 사는 사람들에게 가장 적합하고 좋은 방식을 찾는 과정에서 만들어지는 거야. 그래서 전통적인 음식은 그 지역 사람들의 몸에 좋은 것 같아.

건강을 지키고
병을 고치는 소금

소금이 우리 몸에서 어떤 역할을 하는지 조금 더 알아볼까?

소금은 음식을 소화시키는 데에도 관련이 있어. 우리가 음식을 먹으면 이에서 잘게 씹힌 음식물이 식도를 타고 위로 넘어가. 위는 음식물을 더 잘게 부수기 위해 주물럭주물럭 운동을 하지. 그런데 음식물이 들어오면 위에서는 어떤 액체가 나와. 그걸 위액이라고 하는데, 위액은 '염산'이라는 물질로 이루어져 있어. 염산은 매우 강한 성분이라서 음식물을 흐물흐물하고 질퍽질퍽한 곤죽 상태로 만들어 준단다. 이것이 위에서 음식이 소화되는 과정이야.

위에서 곤죽이 된 음식물은 장으로 가. 위에서 나온 염산이 음식물을 곤죽으로 만들어 보냈기 때문에, 장은 우리 몸에 필요한 영양소를 쉽게 흡수할 수 있지. 위액의 염산도 소금에서 만들어져. 우리가 소금을 먹으면 몸속으로 들어간 소금이 위에서 염산이 되어 음식을 소화시키는 거지. 위액이 나오지 않으면 우리는 음식물을 소화시킬 수 없어.

　우리가 음식을 먹고 소화하는 과정에서 음식은 화학적인 변화를 거쳐 몸속으로 들어가 영양분으로 흡수돼. 그러면 힘이 나고 건강해지지. 그리고 쓰고 남은 것은 화장실에 가서 몸 밖으로 내보내. 이런 과정을 몸의 '신진대사'라고 하는데, 소금은 이 과정이 잘 이루어지게 하는 역할을 한단다. 즉 우리가 활기차게 생활하는 내내 소금은 몸속에서 열심히 일을 하고 있다는 얘기야.

　우리 몸속에 소금이 너무 적으면 신진대사가 잘 이루어지지 않아서 몸 여기저기에 문제가 생겨. 그러면 병에 대한 우리 몸의 저항력도 떨어져서 병에 잘 걸리게 된단다.

　그렇다고 소금을 너무 많이 먹으면 또 다른 병에 걸려. 음식을 너무 짜게 먹다 보면 고혈압이나 동맥경화 같은 병이 생기기 쉬워. 특히 외식을 하거나 햄버거, 피자 같은 패스트푸드를 먹

을 때는 조심해야 해. 소금이 너무 많이 들어가 있기 때문이야.

소금은 나쁜 균을 막기도 하고 죽이기도 해서 상처가 났을 때 병균이 들어가지 못하게 소독하는 용도로도 쓰였어. 예전에 나폴레옹이 러시아와 전쟁을 벌이다 물러날 때, 소독용 소금이 부족한 탓에 작은 부상에도 수많은 병사들이 목숨을 잃었다고 해.

우리나라를 비롯한 동양의 전통 의학에서도 치료를 위해 소금을 사용했어. 전통 의학 서적들마다 소금의 성질과 효능을 기록해 놓았지. 소금은 맛이 짜고, 성질이 차고, 독이 없다고 했어. 그러면서 다른 독기는 없애 주고, 뼈를 튼튼히 하고, 염증이 있을 때 가려운 증상을 가라앉혀 주며, 가슴이 아픈 것을 낫게 한다는구나.

음식을 만드는 소금

우리가 먹는 음식 가운데 소금이 들어가지 않은 음식이 있나 한번 생각해 볼까? 밥, 된장국, 배추김치, 콩나물, 장조림 등 평소 먹는 음식부터 떠올려 보자. 밥을 제외한 반찬에 모두 소금이 들어가 있어. 이번엔 서양 식단을 살펴보자. 빵, 수프, 치즈, 스테이크, 샐러드에도 역시 모두 소금이 들어가. 빵이나 달콤한 과자에도 소금은 조금씩 넣거든. 삶은 달걀 하나도 소금 몇 알갱이가 없으면 제대로 맛있게 먹을 수가 없잖아. 짠맛은 모든 음식 맛의 기본이야.

   그리고 소금은 음식이 상하는 것을 막아 주지. 냉장고나 냉동고가 없던 시절에는 음식물을 보관하기가 얼마나 힘들었을까? 그래서 고기나 생선을 소금에 절여 오래 보관해 두고 먹을 수 있는 방법을 고안해 냈던 거야. 그 뒤로 소금에 절인 음식은 인류가 이만큼 번성하는 데 많이 기여한 식량 자원이 되었어.

   생선을 소금에 절이는 기술은 동서양을 가리지 않고 발달했어. 서양에서는 소금 민족이라고 불리는 켈트 족이 소금에 절인 야생 동물의 고기를 연기에 쐬어 말려서 햄을 만들었지. 그 전통을 로마 인들이 이어받아 지금의 햄으로 전해지고 있어. 특히 중세 유럽에서는 대서양에서 대량으로 잡은 청어와 대구를 소금에 절여 유럽 대륙 전체가 먹고 살았어. 우리나라에서도 냉장 시설이 없던 시절 생선을 소금에 절인 덕분에 바다에서 멀고 먼 산골 마을에서도 썩지 않은 생선을 맛볼 수 있었지.

고기를 구울 때 왜 소금을 뿌릴까?

소금이 단백질을 만나면 단백질을 굳게 만든다. 스테이크를 구울 때 소금을 뿌리는 이유는 첫째로 싱겁지 않게 맛을 내기 위해서지. 둘째는 고기 표면에 소금을 뿌려서 고기의 단백질을 좀 더 단단하게 만들어 고기 속의 육즙이 빠져나가지 않게 하려는 거야. 그래야 스테이크를 씹을 때 맛있는 육즙이 고스란히 입 안으로 들어오겠지? 생선을 구울 때도 소금을 뿌려 주면 생선살이 잘 부스러지지 않아서 좋단다.

또 소금은 식품을 오래 저장하는 역할을 하면서 덤으로 '발효'라는 또 하나의 선물을 주었어. 채소, 생선, 고기 등은 오랜 시간 소금에 절여지면서 발효 과정을 거치게 돼. 발효는 미생물이 어떤 물질을 분해하면서 사람에게 좋은 성분을 만들어 내지. 또한 발효를 거치면 특유의 풍미가 생겨서 더욱 맛있는 음식으로 탄생하게 돼. 치즈, 김치, 된장 등이 대표적인 발효 음식이란다.

치즈를 만들 때는 물기를 뺀 우유를 굳혀서 소금으로 저장해. 그렇게 어느 정도 시간을 거치면 우유의 단백질과 소금이 어우러져 발효하면서 진한

풍미가 도는 치즈가 돼. 단순히 우유와 소금이 섞인 맛이 아니라 치즈만의 독특한 맛이 나는 거지.

우리나라 김치는 배추나 무를 소금에 절여 발효시킨 음식이야. 절인 채소를 며칠에서 한 달 이상 그대로 두면 저절로 발효되면서 김치 특유의 감칠맛이 나지.

그런데 우리나라 전통 음식은 소금이 아니라 간장이나 된장으로 간을 했어. 나물을 무칠 때도 간장이나 된장으로 무쳤고, 국도 간장으로 간을 했지. 소금보다 간장과 된장으로 간을 한 이유는 발효 식품인 간장과 된장이 음식의 소화를 돕고 더 좋은 맛을 내기 때문이야. 간장과 된장은 콩과 소금으로 만드는데, 거기에 곰팡이 균과 미생물이 작용해서 이루어지는 발효 과정을 거치면서 구수하고 감칠맛 나는 장이 만들어져.

발효와 부패

발효와 부패는 비슷한 면이 있어. 둘 다 미생물에 의해 어떤 물질을 다르게 변화시킨다는 점이 비슷하지. 다른 점은 사람의 입장에서 볼 때 좋은 영향을 끼치는 것이 발효이고, 나쁜 영향을 끼치는 것이 부패라고 할 수 있어. 부패한 우유를 먹으면 장에 큰 탈이 나는 반면, 우유가 발효된 요구르트를 먹으면 장이 튼튼해지지.

우유가 발효해서 요구르트가 될 때 유산균이 생기듯이 발효된 김치에서도 유산균이 생겨. '균'이라고 해서 다 나쁜 건 아니란다. 우리에게 병을 가져다주는 것은 '병균'이라고 부르는 나쁜 균이지만, 유산균은 우리 몸에 좋은 균이야.

유산균은 장을 건강하게 만들어 줘. 특히 미네랄이 풍부한 우리나라의 천일염으로 김치를 담그면 김치 유산균이 잘 활동해서 장을 튼튼하게 해 준단다.

소금의 다양한 활약

옛날에도 소금은 쓰임이 많았어. 무엇보다 썩는 것을 막고 나쁜 균을 없애기 위해 많이 사용했지. 치약이 없던 시절에는 손가락에 소금을 찍어 양치질을 했는데, 소금에 살균 효과가 있기 때문이야. 가죽을 다룰 때도 가죽이 썩거나 곰팡이가 피는 것을 막기 위해 소금으로 처리했지.

비누를 만들 때도 소금이 필요하단다. 그런데 소금을 이용해서 만든 비누의 기원은 무려 5천 년 전으로 거슬러 올라가. 기원전 3000년께부터 메소포타미아 지방에서 문명을 일군 수메르 사람들이 해초를 태운 재에서 소금기를 얻어 비누를 만들었다고 해. 메소포타미아는 세계 4대 문명의 발상지 가운데 한 곳이지.

메소포타미아에서는 해초를 태우고 남은 재를 거둬서 구멍이 송송 뚫린 바구니에 넣고 물을 부었어. 그러면 재에서 나온 물이 아래에 받쳐 둔 나무통에 고이는데, 그것이 바로 잿물이야. 옛날에는 해초를 태운 재를 물에 녹여서 소금을 얻는 경우가 많았어. 이 잿물에 기름기와 때를 잘 빼 주는 성질이 있기 때문이야. 그리고 때를 잘 녹여 주는 동물의 지방에 이 잿물을

> ### 일상생활에서도 참 쓸모 많은 소금
>
> 몸살 기운이 느껴지거나 몸이 안 좋을 때 욕조에 소금을 넣고 목욕하면 피로가 확 풀려. 목욕하기 어려우면 그냥 따뜻한 소금물에 발만 씻어도 한결 좋아지지.
> 커피가 묻은 옷은 소금물에 담갔다 빨면 얼룩이 없어져. 냄새나는 운동화에도 소금을 넣어 두면 냄새가 없어지고. 시금치나 브로콜리 같은 녹색 채소를 데칠 때 소금을 조금 넣으면 푸릇푸릇한 색이 변하지 않아.

섞어서 비누를 만들었어. 지방과 잿물이 엉기면서 단단하게 굳은 비누가 만들어진 거지. 옛날에는 동물의 지방으로 주로 돼지기름 같은 걸 썼는데, 메소포타미아에서는 두루미의 지방을 이용했다고 해. 이와 함께 좋은 향을 내는 식물의 뿌리에서 짜낸 즙도 섞었다는구나. 그러면 은은한 향이 풍기는 비누가 만들어졌겠지? 오늘날의 비누도 이런 원리를 이용해 화학적으로 만드는 거란다.

미라를 만들 때 소금을 사용한 고대 이집트에서도 비누를 만들어 썼어. 다만 수메르나 고대 이집트에서 만든 비누는 일상에서 자주 사용하는 생활용품이 아니라 매우 귀한 의약품이었다고 해.

우리 민족의 문화 속에서도 소금은 아주 큰 활약을 펼쳤어. 고려 시대 때 만든 팔만대장경에도 소금은 유용하게 쓰였단다. 팔만대장경은 우리나라 국보로, 불교의 여러 경전을 모두 모아서 8만여 개의 목판에 새긴 거야.

그런데 고려 시대에 만들어진 팔만대장경이 천 년 가까이 변하지 않고 그

대로 보존되어 있어. 나무로 만든 목판이 어떻게 천 년 동안 썩지도 않고 벌레도 먹지 않고 뒤틀리지도 않은 채 보존될 수 있었을까? 그 비밀은 바로 목판을 만든 나무를 소금물에 삶은 데 있어. 그래서 벌레가 먹거나 썩는 것을 막고, 나무가 마르면서 갈라지고 뒤틀리는 현상도 막을 수 있었던 거야.

팔만대장경을 보관하는 해인사 장경판전도 목판 대장경이 오래 보존될 수 있게 만들어졌어. 바닥에 습기를 조절하는 역할을 해 주는 숯과 소금을 깐 거야. 숯과 소금은 습기가 많을 때는 빨아들이고, 가물어서 건조할 때는 습기를 내뿜는 역할을 하거든.

이렇게 해서 고려 팔만대장경은 세계에서 가장 오래 보존된 목판 대장경으로 남아 있는 거야. 다른 어느 문화권에서도 목판을 이처럼 오래도록 보관한 경우는 없다고 해. 소금을 멋지게 활용한 우리 민족의 지혜 덕분이야.

소금은 우리 전통 주택을 지을 때도 많이 쓰였어. 특히 황토로 집을 지을

두부도 만들고 무기도 만드는 간수

소금을 건조시킬 때 흘러나오는 짠 소금물을 간수라고 해. 간수는 두부를 만들 때 콩 단백질을 엉기게 만드는 응고제로 쓰여. 또 건축물을 지을 때 바닥 포장재로 주로 쓰는 마그네시아시멘트를 만들거나 무기와 약품을 만들 때도 중요하게 쓰인단다.

부드러운 두부도 만들고 단단한 시멘트도 만들고 무서운 무기도 만들다니, 소금의 활약은 참 대단해!

때는 반드시 여기저기에 소금을 넣었지. 황토집도 나무로 뼈대를 세우는데, 그 나무에 홈을 파고 소금을 넣어서 벌레가 먹거나 나무가 썩는 것을 막았어. 또 주춧돌 위에 나무 기둥을 세울 때도 그 사이에 소금을 넣고, 기와를 올릴 때나 천장에도 소금을 넣었어. 황토 반죽에도 소금을 넣었지. 집을 다 짓고 나면 집 주변에도 소금을 뿌려 해충이나 벌레가 꾀지 못하게 했단다.

그 밖에 우리 민족은 농사일을 할 때도 소금의 특별한 성질을 여러모로 활용했어. 가을에 좋은 쌀을 수확하려면 봄에 좋은 볍씨만 가려서 뿌려야 하는데, 이때 소금물에 볍씨를 떨어뜨려서 뜨는 것은 건져 내고 밑으로 가라앉는 묵직하고 좋은 씨앗만 골랐단다.

화학의 발전과 소금

오늘날 소금이 주방에서 음식 재료로 쓰이는 비중은 소비되는 전체 소금 가운데 15퍼센트쯤밖에 안 돼.

그런가 하면 전체 소금의 무려 10~15퍼센트는 눈이 내릴 때 도로에 뿌리는 제설제로 쓰인단다. 소금을 제설제로 쓰는 것은 소금이 잘 얼지 않는 특성을 이용한 거야. 물은 0도에서 얼기 시작하는데, 소금물은 어는점이 매우 낮아서 영하 20도가 넘어도 얼지 않아. 소금, 즉 염화나트륨은 물이 어는 온도를 낮추는 특성이 있는 거지. 그래서 추운 겨울에 눈이 올 때 도로에 소금을 뿌리면 어는점이 내려가서 길이 어는 것을 막을 수 있는 거야.

우리나라에서는 눈이 많이 올 때 염화칼슘을 제설제로 사용해. 염화칼슘도 염화나트륨, 즉 소금으로 만들어져. 염화칼슘은 주

냉방 시설의 발명

1620년 여름, 영국의 웨스트민스터 궁에서 무더위에 시달리던 제임스 1세는 어느 날 네덜란드 출신의 발명가 코르넬리우스 드레벨이 만든 발명품들을 참관하게 되었어.

그런데 드레벨이 발명한 '실내 공기 조절기'가 널찍한 전시실의 온도를 너무 낮추는 바람에 왕과 그 일행은 추위에 떨며 도망가 버리고 말았지. 드레벨은 소금이 물의 온도를 낮춘다는 원리를 알고 그것을 응용해 그 발명품을 만들었던 거야. 지금도 냉장 시설에는 소금 성분의 물질을 이용한대.

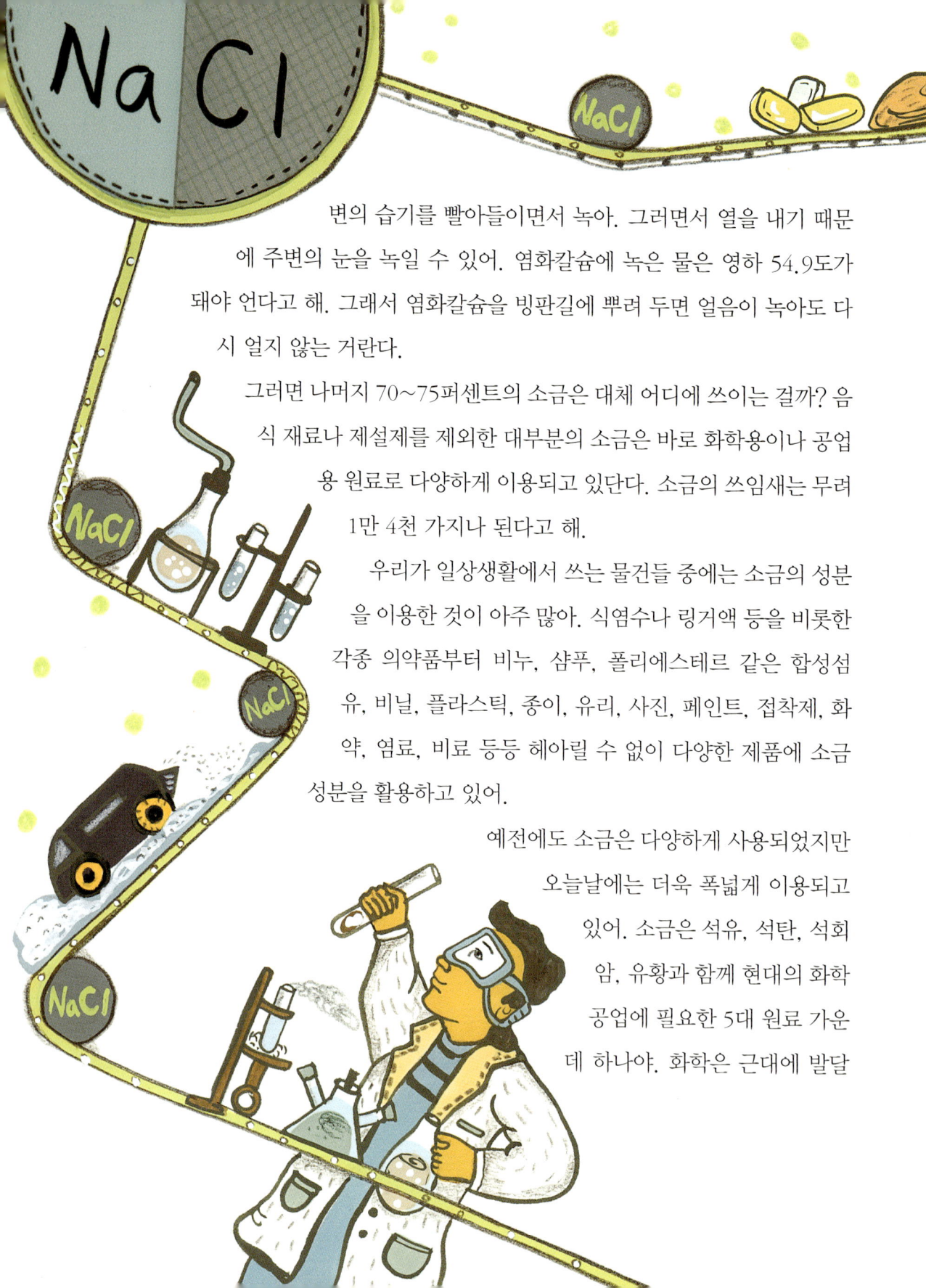

변의 습기를 빨아들이면서 녹아. 그러면서 열을 내기 때문에 주변의 눈을 녹일 수 있어. 염화칼슘에 녹은 물은 영하 54.9도가 돼야 언다고 해. 그래서 염화칼슘을 빙판길에 뿌려 두면 얼음이 녹아도 다시 얼지 않는 거란다.

그러면 나머지 70~75퍼센트의 소금은 대체 어디에 쓰이는 걸까? 음식 재료나 제설제를 제외한 대부분의 소금은 바로 화학용이나 공업용 원료로 다양하게 이용되고 있단다. 소금의 쓰임새는 무려 1만 4천 가지나 된다고 해.

우리가 일상생활에서 쓰는 물건들 중에는 소금의 성분을 이용한 것이 아주 많아. 식염수나 링거액 등을 비롯한 각종 의약품부터 비누, 샴푸, 폴리에스테르 같은 합성섬유, 비닐, 플라스틱, 종이, 유리, 사진, 페인트, 접착제, 화약, 염료, 비료 등등 헤아릴 수 없이 다양한 제품에 소금 성분을 활용하고 있어.

예전에도 소금은 다양하게 사용되었지만 오늘날에는 더욱 폭넓게 이용되고 있어. 소금은 석유, 석탄, 석회암, 유황과 함께 현대의 화학 공업에 필요한 5대 원료 가운데 하나야. 화학은 근대에 발달

한 과학 분야로, 물질이 어떻게 구성되어 있는지, 또 어떻게 변화하는지 연구하는 학문이지. 근대 화학의 발전을 밑거름 삼아 근대의 공업화가 시작될 수 있었어. 끈끈하고 검은 액체인 석유에서 플라스틱이라는 물질을 만들어 낸 것도 바로 화학 분야에서 이룩한 성과이자 근대 공업화의 결과란다. 이처럼 어떤 물질이 생각지도 못한 다른 물질로 바뀌었을 때의 놀라움은 소금이라는 원료에서도 잘 느낄 수 있어.

물론 소금은 옛날에도 매우 다양하게 쓰였지만 오늘날처럼 화학 공업의 5대 원료로 꼽힐 정도는 아니었어. 그렇다면 소금은 어떻게 근대에 새로운 화학 공업의 주인공이 되었을까?

먼저 소금이라는 물질의 정체를 좀 더 자세히 알아보자. 도대체 소금은 어떤 물질로 이루어졌기에 못하는 일이 없는 만능 일꾼이 된 걸까?

소금의 화학 명칭은 '염화나트륨(NaCl)'이야. 염화나트륨은 '염소(Cl)'라는 원소와 '나트륨(Na)'이라는 원소가 결합해서 이루어진 물질이지. 이 두 물질은 바닷물에 가장 풍부하게 녹아 있어. 우리가 먹는 소금은 90퍼센트 이상이 염화나트륨으로 이루어져 있어.

그런데 염소와 나트륨은 다른 원소들과 쉽게 친해지는 성질이 있단다. 염소와 나트륨은 따로 떨어지면 각각이 다른 원소들과 금방 또 짝을 지어. 즉 나트륨이 탄소와 만나면 탄산나트륨이 되고, 황을 만나면 황산나트륨이 돼. 염소도 마그네슘과 짝을 이루면 염화마그네슘이 되고, 칼륨을 만나면

149

염화칼륨, 칼슘을 만나면 염화칼슘이 되지. 그래서 바닷물을 그대로 말려 얻은 천일염에는 염화나트륨 말고도 아주 적은 양이지만 황산마그네슘, 염화마그네슘, 황산칼슘, 염화칼륨 같은 여러 물질이 달라붙어 있단다.

이처럼 여러 물질이 녹아들어 있는 소금은 화학적인 방식으로 다양하게 변신할 수 있는 존재야. 그 가능성이 현실이 되는 예를 잠깐 살펴볼까?

앞에서 얘기했듯이 염화칼슘은 얼음을 녹이는 제설제로 쓰여. 탄산나트륨은 세탁비누의 재료로도 쓰이고 유리를 만들 때도 쓰여. 황산나트륨은 나무 펄프를 종이로 만드는 과정에서 쓰이지. 염화칼륨은 비료를 만들 때 쓰여. 또 이스라엘에 있는 사해의 제염소에서는 염화마그네슘을 이용해 철보다 7배나 단단하고 알루미늄보다 가벼운 마그네슘 금속을 생산한단다.

이처럼 화학 공업에서는 소금을 이루고 있는 여러 물질을 화학적으로 분해해서 다양하게 이용하고 있어. 소금을 직접 사용하는 것이 아니라, 소금을 화학적으로 분해해서 쓰는 거야.

미네랄이 풍부한 국산 천일염

우리나라에서 생산되는 천일염에 가장 많은 성분은 염화나트륨($NaCl$)으로 80~90퍼센트를 차지해. 나머지 10~20퍼센트는 수분(H_2O), 황산마그네슘($MgSO_4$), 염화마그네슘($MgCl_2$), 황산칼슘($CaSO_4$), 염화칼륨(KCl) 등이야.

식탁 위에 올리는 소금은 이런 여러 가지 성분 중에서 주로 염화나트륨만을 뽑아 만든 정제염이 많아. 인스턴트 식품에는 모두 이런 정제염을 사용해. 반면 바닷물을 햇볕에 말려서 만든 거칠거칠한 천일염에는 염화나트륨을 비롯한 다양한 성분이 그대로 들어 있단다. 그래서 천일염을 먹으면 우리 몸에 필요한 마그네슘, 칼슘, 칼륨 등의 미네랄을 섭취할 수 있어서 몸에 좋다고 해.

소금 사막에서 얻는 미래의 에너지, 리튬

요즈음 남아메리카의 볼리비아에 있는 우유니 소금 사막으로 세계적인 기업들이 몰려들고 있단다. 왜 그럴까?

볼리비아의 가장 남쪽에 있는 포토시 주의 우유니 지역에는 하얀 소금 벌판이 끝없이 펼쳐져 있어. 세계에서 가장 넓은 소금 사막이라고 해. 우유니 소금 사막은 넓이가 12,000제곱킬로미터에 이르고 깊이는 12미터나 돼. 12월에서 3월까지는 비가 많이 내리는 우기여서 이때의 소금 사막은 비에 젖어 호수처럼 보이기도 해. 그래서 소금 호수라고도 한단다. 우유니 소금 사막은 온통 하얀 소금만 보이는 풍광 때문에 외롭고도 아름다운 관광지 정도로만 알려져 있었어.

원래 그곳은 바다였대. 그런데 꿈틀대는 지구의 활동으로 바다에서 안데스 산맥이 불쑥 솟아나자 바닷물이 볼리비아의 내륙 안쪽에 갇힌 거야. 그리고 시간이 흐르면서 물이 증발하고, 증발하고 또 증발해서 지금의 소금 벌판이 될 때까지 증발해 온 거지.

오늘날 우유니 소금 사막으로 전 세계의 기업들이 몰려들고 있는 까닭은 그 아래에 리튬이라는 귀한 보물이 묻혀 있다는 사실이 밝혀졌기 때문이야. 우유니 소금 사막에는 소금만 있는 게 아니라 소금층과 소금물층이 교대로 쌓여 있다고 해. 소금물층은 '살무에라'라고 하는데, 여기에서 리튬을 채취할 수 있대.

  지구상의 리튬은 몇 년 뒤면 더 이상 구할 수 없는 자원이라서 여러 나라들이 서로 리튬을 확보하려고 경쟁을 벌이고 있어. 리튬은 새로운 배터리의 원료로 많이 사용되는 물질이거든. 리튬을 사용한 배터리는 무게를 줄일 수 있어서 스마트폰을 비롯해 노트북, 엠피스리, 태블릿 피시 등을 더 작고 얇게 만들 수 있다고 해. 만약 리튬 같은 물질이 안 쓰였다면 벽돌 크기만 한 휴대 전화를 들고 다녀야 했을 거래.

  또한 미래에는 자동차도 석유를 쓰지 않고 매연이 없는 전기 자동차로 바뀔 전망인데, 전기 자동차 기술에서 가장 큰 문제가 되는 것이 바로 배터리야. 얼마나 힘 좋게 오래 달릴 수 있느냐는 배터리에 달려 있으니까. 그래

서 지금 많은 자동차 회사들이 리튬을 비롯한 희귀 광물을 이용해 배터리를 제작하면서 그런 문제들을 해결하기 위해 애쓰고 있어.

21세기는 자원 경쟁 또는 자원 전쟁의 시대가 될 거야. 그동안 강대국들은 석유, 천연가스, 우라늄 같은 에너지 자원을 확보하려고 노력해 왔지. 그런데 세계는 이제 그런 에너지 자원뿐 아니라 새로운 산업에 꼭 필요한 희귀 광물 자원들을 확보하기 위해 치열한 자원 경쟁을 벌이고 있어. 그래서 전 세계 리튬의 40퍼센트가 매장된 것으로 알려진 우유니 소금 사막으로 세계 여러 나라의 기업들이 몰려들어 리튬을 확보하기 위해 경쟁하고 있는 거야.

우리나라에는 리튬 광산도, 리튬이 나는 소금 사막도 없지만, 바닷물에서 리튬을 뽑아내는 기술을 확보하고 대량으로 생산할 수 있는 길을 찾고 있다고 해. 소금의 가능성은 정말 끝도 없나 봐.

자원 전쟁, 소금의 미래

우리나라에는 소금 만들기에 좋은 갯벌이 많아. 그리고 그런 갯벌을 갈아 만든 소금밭에서 생산하는 천일염에는 맛도 좋고 몸에도 좋은 미네랄이 많이 들어 있어. 다른 나라들의 유명한 소금과 견주어도 뒤지지 않고 우수하다는 평가를 받지.

그런데 우리나라는 많은 양의 소금을 수입하고 있는 형편이야. 특히 공업과 산업에 쓰이는 소금은 거의 다른 나라에서 사 오고 있어. 우리나라에서 직접 소금을 생산하는 것보다 수입하는 편이 더 값싸기 때문이란다. 또 우리나라는 삼면이 바다이기는 하지만 국토의 면적이 넓지 않아서 산업용으로 쓰이는 소금을 충분히 만들기도 쉽지 않아. 산업이 계속 발전하는 한 앞으로 소금은 더 많이 필요할 텐데 말이야.

세계도 소금에 다시 주목하고 있어. 현재 미국은 중국에 이어 세계에서 두 번째로 많은 소금을 생산하고 있지만, 다른 나라의 소금을 계속 사들이고 있단다.

왜 그런 걸까? 소금이 생활필수품이자 화학 산업, 의료 산업, 무기 산업에 없어서는 안 되는 자원이기 때문이야. 세상에 아무리 바닷물이 많아도, 또 땅속에 소금층이 가득 있다 해도 그것으로 대량의 소금을 만드는 건 쉬운 일이 아니야. 게다가 소금을 생산하기 어려운 나라, 소금이 부족한 나라, 가난해서 소금 산업을 키울 수 없는 나라들도 많아.

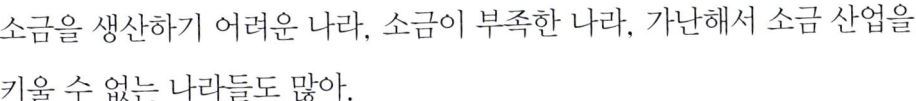

세계의 산업이 계속 발전한다면 소금의 가치도 더욱 높아질 거야. 그렇게 되면 소금을 많이 갖고 있는 나라가 큰소리 좀 칠 수 있지 않겠니? 소금값도 마음대로 조절할 수 있겠지. 그렇게 되면 소금을 독점한 나라들이 소금값을 조금만 올려도 소금을 생산하지 못하거나 부족한 나라들의 산업 분야에는 문제가 발생할 수 있어.

우리가 앞으로 살아갈 21세기는 자원 전쟁의 시대라고 해. 산업에 필요한 자원을 어떻게 확보하느냐 하는 문제로 서로 치열하게 경쟁하는 거야. 자기 나라에 있는 자원은 다른 나라에 내놓지 않거나 비싸게 내놓을 거고, 다른 나라의 자원은 싸게 가져오려고 하겠지.

그래서 자원이 부족한 우리나라와 같은 나라들은 많은 지혜를 발휘해야 돼. 소금은 당장 자원 전쟁을 벌일 정도는 아니지만 미래에도 매우 중요한 자원임에 틀림없기 때문이야. 문명을 일으킨 불씨와 같던 소금은 앞으로도 새로운 문명을 만들어 갈 동력 역할을 계속해 나갈 거야.

징검다리 역사책 1
문명과 역사를 만든 소금 이야기

2012년 10월 30일 1판 1쇄
2022년 10월 20일 1판 5쇄

지은이 : 김아리 | 그림 : 김숙경 | 감수 : 함경식
편집 : 최옥미·강변구 | 디자인 : 김지선 | 제작 : 박흥기 | 마케팅 : 이병규·이민정·최다은 | 홍보 : 조민희·강효원
출력 : 한국커뮤니케이션 | 인쇄 : 코리아피앤피 | 제책 : J&D바인텍
펴낸이 : 강맑실 펴낸곳 : (주)사계절출판사 | 등록 : 제406-2003-034호
주소 : (우)413-120 경기도 파주시 회동길 252
전화 : 031) 955-8588, 8558 | 전송 : 마케팅부 031) 955-8595 편집부 031) 955-8586
홈페이지 : www.sakyejul.net | 전자우편 : skj@sakyejul.com
블로그 : blog.naver.com/skjmail | 페이스북 facebook.com/sakyejulkid | 인스타그램 : instagram.com/sakyejulkid
ⓒ 김아리, 김숙경 2012

값은 뒤표지에 적혀 있습니다. 잘못 만든 책은 구입하신 서점에서 바꾸어 드립니다.
사계절출판사는 성장의 의미를 생각합니다. 사계절출판사는 독자 여러분의 의견에 늘 귀 기울이고 있습니다.
이 책은 저작권법에 따라 보호받는 저작물이므로 무단 전재와 복제를 금합니다.

ISBN 978-89-5828-648-6 74900
ISBN 978-89-5828-647-9 (세트)